人生が楽しくなる

西洋音楽史入門

History of Western Music

山﨑圭一
Yamasaki Keiichi

PHP

はじめに

音楽と歴史の「切っても切れない縁」

歴史を知ると、クラシック音楽がもっと楽しめる！

「私は、人生のほとんどの喜びを音楽から得ています」

とは、20世紀最大の物理学者、アインシュタインの言葉です。アインシュタインは幼少のころからヴァイオリンを習っており、「もし物理学者になっていなかったら、音楽家になっていただろう」とも言っています。

本書を執筆している私も、音楽から多くの喜びを得ています。中学生のころから吹奏楽やオーケストラで演奏活動を行い、現在でも演奏を楽しんでいます。たくさんの仲間たちと演奏した一曲一曲が、忘れられない思い出になっています。もちろん、クラシック音楽の演奏会に行くことも、CDを聴くことも大好きです。

そして、私には、音楽愛好家とは別の、もうひとつの顔があります。それは、公立高校で勤務するかたわら、YouTubeで授業動画を公開している歴史の先生としての顔です。受験生の方や歴史を学びなおしたいという社会人の方々に動画を観ていただき、おかげさまで、YouTubeのチャンネル登録者も13万人を数え、著書も累計100万部を超え、多くの方に読んでいただいています。

さて、このような趣味と仕事をもつ私が、本書で皆さんにお伝えしたいことは、歴史を知ると、クラシック音楽が何倍も楽しめるということです。音楽の喜びを何倍にもしてくれるのが、歴史を知ることなのです。

ありそうでなかった、歴史と音楽を同時に紹介する本

本書を手に取った皆さんにも、子どものころがあったはずです。小学校の音楽室を思い出してください。音楽室の壁に、たくさんの作曲家の肖像が飾られていたと思います。そして、作曲家の名前の下には、作曲家が生きた年代や、音楽の歴史を示した年表があったことだろうと思います。音楽と歴史は、切っても切れない縁があるのです。

作曲家たちは、それぞれが生きた時代や、経験した事件の中で、多くの曲を作曲しました。その時代や、時代の象徴的な事件を知ると、「この時代だからこそ、このような音楽が作曲されたんだな」「この事件にインスピレーションを得て作曲したんだな」と、もっと音楽を深く楽しむことができるのです。

実際、演奏会のプログラムを読んだり、ＣＤの解説文を読んだりしても、「ロマン派」とか「バロック」などと書かれており、「ハプスブルク家の○○何世のために書かれた曲」とか、「この事件のことを音楽で描いた」ということが書いてあります。しかし、肝心の歴史がわかっていなければ、それを読んでも、十分に楽しむことができません。また、書店に行くと、「音楽史」のタイトルがついた本がたくさん並んでいますが、それは「音楽の」歴史が書かれているだけで、肝心の「歴史のストーリー」が書いてあるわけではありません。もともと歴史のストーリーが頭に入っている人が理解できる、「上級編」の本ばかりです。

本書はそのため、ヨーロッパを中心とした地域の歴史と、音楽の歴史を合わせて書くことにより、両方の歴

史を並行して理解することができる「入門編」の本として書いてみました。クラシック音楽を日頃から楽しんでいる皆さんも、これからクラシック音楽をたくさん聴いてみたいと思っている皆さんも、本書を読めば、音楽を聴く楽しみが何倍にも増し、人生の楽しみも何倍も増すことだと思います。

◆本書の特徴

歴史と音楽には、2つのかかわり方があります。ひとつは「その時代に生きた作曲家」、もうひとつは「その時代を題材にした曲」です。たとえば、18世紀の作曲家ヘンデルは、イエス＝キリストを題材にした曲『メサイア』を作曲していますが、イエス＝キリストは1世紀頃のローマ帝国時代の人物です。

そのため、本書では、まず歴史のストーリーと、その時代の事件や人物を題材にした曲を紹介し、そしてその時代に生きた作曲家と、その作曲家の代表曲を解説します。

①歴史のストーリーと、その歴史にちなんだ曲
②作曲家の紹介とその作曲家の代表曲

という、2本立ての構成になっているのです。

また、本書のもうひとつの特徴として、曲の解説に参考動画のQRコードを付けています。音楽は、文章で表現できるものではなく、音そのものを聴かなければその魅力がわかりません。内外のアーティストの公式チャンネルを中心に、「聴きどころ」から始まるYouTubeの参考動画のリンクを紹介しています。ぜひ、こちらも参考にして読み進めてください。できれば、聴きどころだけではなく、音楽の全編に触れていただきたいと思います。さあ、歴史と音楽の旅に出発しましょう！

本書のQRコードについて

本書には、紹介した曲についての参考となるYouTube動画のリンクのQRコードを載せています。こちらを読み込むと、YouTubeの外部サイトが立ち上がり、紹介した曲の聴きどころから再生されます（その際、広告が再生される場合もあります）。QRコードのリンクは2023年5月1日現在のものであり、動画は削除または移動される可能性がありますので、その際はご容赦ください。QRコードは株式会社デンソーウェーブの登録商標です。

第1章　太古の音楽と古代の音楽

第2章 中世の音楽（5～14世紀）

第3章 ルネサンス音楽の時代（14～16世紀）

第4章 バロック音楽の時代（17世紀〜18世紀前半）

第5章 古典派音楽の時代①（18世紀中期～後期）

第6章 古典派音楽の時代②（18世紀末～19世紀初頭）

第7章 ロマン派音楽の時代①（19世紀前半）

第8章 ロマン派音楽の時代②（19世紀後半）

第9章 20世紀前半の音楽

第10章 戦後の世界

第1章

太古の音楽と古代の音楽

メロディが残されていない音楽における「考古学」の時代

◆歴史のあらすじ

この章では、人類の起源からギリシア・ローマの時代の歴史と音楽を扱います。人類が誕生し、文明が生まれた時代から、地中海のギリシア文明や古代ローマに話題を移していきます。

本書は「西洋音楽史」を中心にお話を進めていきます。西洋の文化の起源は、ギリシアやローマの時代に求めることができます。ローマの時代には、「世界宗教」とよばれるキリスト教が成立しています。キリスト教は、ローマ帝国後期の帝政と言われる時代に公認され、一気にローマ帝国内に広がりました。その後、キリスト教はその後のヨーロッパの文化のベースとなり、キリスト教に関連した多くの曲が作曲されることになります。この章ではキリスト教の始まりや、その前身のユダヤ教成立のお話もしていこうと思います。

◆音楽のあらすじ

音楽の起源は、おそらく人類の起源とともにありました。音で何かを表現し、コミュニケーションをとるこ

この章の舞台
（古代ヨーロッパ・西アジア）

とから、次第に音楽の形になったのでしょう。しかし、太古の時代から古代の時代には、楽譜の出土例がなく（まったくないとは言えませんが）、それがどのようなメロディや節回しであるかはわかりません。

歴史では、文字が誕生する以前のことは、発掘したものでその時代を推測するほかない「考古学」の世界であるように、音楽でも、楽譜がない時代は、楽器など、出土したものからどのような音楽だったかを推測するしかありません。音楽の「考古学」にあたる時代がこの時代なのです。

ですから、この章で紹介する曲は、その時代に生きた作曲家の曲ではなく、その時代の出来事や、古代の物語を題材にして後世の作曲家が作曲した曲が中心になります。

人類の誕生とともに始まった音楽の長い歴史

◆太古の歴史と音楽の始まり

ヨーロッパの歴史とともに、音楽の歴史をたどる長い旅に出てみましょう。音楽の起源をさかのぼると、太古の昔にさかのぼれます。動物でさえ、節回しや音の高低でコミュニケーションをとることもあるぐらいですので、「音楽」とは言えなくても、音で何かを表現してコミュニケーションをとるというのは、人類の誕生とともにあったに違いありません。人類が私たちと同じような言語を話すようになったのは、今から10万年前とも5万年前とも言われますが、言語は目には見えないものですので、いつから言語が始まったか、ということには多くの説があります。

音楽も目には見えないものですが、その痕跡が現代に残っている例もあります。それが、楽器の出土です。2010年には、ドイツ南部の洞窟で、約4万年前につくられたマンモスの牙やハゲワシの骨の笛が見つかりました。空洞の筒に穴があけられているその姿は、穴を開け閉めして複数の音程を演奏できたことを物語っています。この時代は人類の歴史でいえば「**クロマニョン人**」の時代で、楽器の他にも、フランスやスペインの洞窟壁画や、彫刻や装身具など、「芸術」の芽のようなものが多く見られる時代です。

ユダヤ教の成立

キリスト教の起源となり音楽にも描かれるユダヤ教の物語

◆パレスチナの地に誕生したユダヤ教

本書ではヨーロッパの歴史を中心に記述します。ヨーロッパの多くの国でキリスト教が信仰され、ヨーロッパの歴史や文化がキリスト教と深い関係にあることはご存じの方も多いと思います。

そのキリスト教のルーツとなったのが**ユダヤ教**です。ユダヤ教はただひとつの神をもつ「一神教」の源流とされ、キリスト教やイスラームのもとになった、世界の歴史にとって非常に重要な宗教です。

一神教の大前提は、「神はただひとつの存在」ですので、ユダヤ教もキリスト教もイスラームも「同じ神」を信仰している、ということになります。ヨーロッパの絵画や音楽には、イエスの生涯やキリスト教関連の人物や出来事を題材にしたものが多くありますが、キリスト教のルーツであるユダヤ教に関連した題材をもつ絵画や音楽も多いのです。

歴史をたどると、ユダヤ系の作曲家や演奏家も多く、メンデルスゾーン、マーラー、バーンスタイン、シェーンベルクなどは、音楽史に欠かせない重要な作曲家たちです。ですから、ヨーロッパの歴史に入る前に、ユダヤ教を生んだ紀元前の西アジア、パレスチナ地方の歴史のお話をしたいと思います。

「出エジプト」によってパレスチナの地に定着

ユダヤ教は、**ヘブライ人**、いわゆる**ユダヤ人**の民族宗教です（「ヘブライ人」とは他の民族から見たときの呼び名で、自分たちは「イスラエル人」と称しています）。

ヘブライ人たちは紀元前1500年頃、パレスチナに定住したとされ、その一部はパレスチナで起きた飢饉《ききん》の際に、エジプトに移住しました。しかし、エジプトでヘブライ人たちは次第に奴隷のような扱いを受けるようになりました。

紀元前13世紀頃、神の命令により、苦しむヘブライ人たちをひきつれてエジプトを脱出したのが**モーセ**という人物です。この途中でモーセはヘブライ人が守るべき10の戒律《かいりつ》である「十戒」を神から授かり、モーセの後継者のヨシュアの時代に、「約束の地」とされたパレスチナに帰還することができたのです。

このエピソードが、ヘブライ人たちが戒律を守る代わりに、「約束の地」であるパレスチナの地が与えられ、さまざまな神の恩恵を受けるという、ユダヤ教の根幹をなす教えとなるのです。

バビロン捕囚《ほしゅう》と「離散の民」の宗教の始まり

「出エジプト」によってパレスチナの地に帰還したヘブライ人は、そこで「**ヘブライ王国**」を建国します。一時はヘブライ王国は繁栄しましたが、いつしか南北に分裂してしまい、外敵の侵入により滅亡してしまいます。

このとき、南のユダ王国を滅ぼしたのは新バビロニア王国という国でした。新バビロニア王国の王はユダ王国の民衆をバビロンに連行し、農業や水路の工事などに従事させました。これが、紀元前586年から始まる「**バビロン捕囚**」とよばれる事件です。バビロン捕囚は約60年間続きましたが、この事件はヘブライ人にとって大きな民族的苦難となりました。このような苦難の中で、ヘブライ人は自分たちの神を強く意識するようになり、神との約束を守り、救世主の出現を待望するという宗教であるユダヤ教が成立するのです。

こうしたユダヤ教の成立物語は、『旧約聖書』にまとめられました。のちに、ユダヤ人社会の中からイエス＝キリストが登場し、ユダヤ教を母体としてキリスト教が成立したために、イエスの言行を記した『新約聖書』と並び、ユダヤ教の聖典である『旧約聖書』もキリスト教の聖典となり、ヨーロッパ社会の中に根付くことになります。

そのため、ハイドンの『天地創造』、ヴェルディの『ナブッコ』、サン＝サーンスの『サムソンとデリラ』など、ユダヤ教の成立にまつわるクラシック曲も多数作曲されています。

バビロン捕囚を題材にした曲

ヴェルディ　歌劇『ナブッコ』より「行け、我が想いよ、黄金の翼に乗って」（1842）

イタリアの作曲家、ヴェルディの『ナブッコ』は、バビロン捕囚をテーマとしたオペラです。中でも、バビロンに連行されたヘブライ人たちが祖国への思いを込めて歌う「行け、我が想いよ、黄金の翼に乗って」という合唱曲が有名です。この曲は19世紀前半の、北部をオーストリア帝国に支配された時代、その解放を願うイタリア人の心をとらえて「イタリア第２の国歌」のように位置付けられ、現在でも広く親しまれています。

神話のふるさとで生まれた文明とポリス社会の繁栄

数多くの神話を生み出したエーゲ文明

ヘブライ人たちがパレスチナに定住していた頃、ギリシアのエーゲ海周辺にも文明が興《おこ》っていました。それが、紀元前2000年頃から紀元前1200年頃にさかえた**エーゲ文明**です。

エーゲ文明はクレタ文明とよばれる前期の文明と、ミケーネ文明とよばれる後期の文明に分かれます。古代のエーゲ海は多くの神話を生んだ「神話のふるさと」であり、その神話の多くはギリシア神話として現在に残っています。

ポリス社会の繁栄

時代が進んで紀元前800年頃には、**アテネ**や**スパルタ**など、**ポリス**とよばれたギリシアの都市国家が発達し始めました。紀元前4世紀頃まで、ギリシア世界のポリスには繁栄の時代が続きます。

アテネははじめ、貴族が支配していたポリスでしたが、次第に商工業が発展して平民たちの発言力が増大し、紀元前5世紀には、成年の男性の全員が政治に参加するという**直接民主政**が成立します。

アテネのライバルとして知られるスパルタは「スパルタ教育」で有名なように、厳しい訓練を市民に課す軍国主義のポリスでした。この2大ポリスのほかにも、数多くのポリスがギリシアには存在していました。

◆劇場に名残を残すギリシアの音楽

古代ギリシアにおいて音楽は、儀式の欠かせない要素でした。アテネなどギリシアの都市国家の遺跡には劇場が多く存在し、日常的に喜劇や悲劇が上演されていたことがわかります。

ギリシア神話における太陽神、アポロンは手に竪琴《たてごと》を持っている姿で表現され、「笛」や「竪琴」「巻物」など音楽や文芸に関係するさまざまな女神を従えています。これらの女神たちは「ムーサ（英語ではミューズ）」とよばれ、彼女たちがつかさどる音楽や文芸のことを「ムーシケー」といいます。この「ムーシケー」という言葉が英語になったものが、すなわち「ミュージック」です。ギリシアのポリスでは、アポロン神のように竪琴を手にして、音楽をたしなんだ市民も多かったに違いありません（現代でも、竪琴を掲げたアポロン神の像は、コンサートホールの前や屋根の上によく置かれていますので、知らず知らずのうちにその姿を目にしているかもしれません。有名なものには、パリのオペラ座の屋根の上にある、金の竪琴を掲げたアポロンの像があります）。

ところが、西洋音楽の世界でギリシア神話の世界を描いた曲はそれほど多くありません。なぜなら、キリスト教の影響力が強かったヨーロッパでは、ギリシアの神々は「異教の神々」にあたり、中心的な題材にはならなかったからです。ギリシア神話を題材にした曲が多く作曲されるのは、キリスト教の影響力が弱くなり、自由な題材で曲が作曲されるようになった近代以降のことです。

音にまで及んだ数学者ピタゴラスの研究

「三平方の定理」などで知られる、紀元前6世紀頃のギリシアの数学者**ピタゴラス**は、哲学や天文学の研究を行ったことで知られますが、その研究の分野は音にも及んだと言われています。

たとえば、楽器にピンと張られた弦をはじいて出た音を「ド」と考えます。そして、その半分の長さの弦をはじくと、1オクターブ上の「ド」の音が出ます。もとの長さの3分の2の長さの弦をはじくと、「ソ」の音が出ます。もとの長さの4分の3の長さの弦をはじくと、「ファ」の音が出るのです（こうして、「何分の何」というような、一定の比で示された長さの弦で作った音を並び替えていくと、私たちが知る「音階」となるのです）。

そしてピタゴラスは、2対1とか、3対2とか、5対4のように、同時に鳴らした弦の長さが単純な比に近いほど、美しい響きになることを発見したとされます。

あらゆるものが「数」で構成され、「数」の法則によって支配されていると考える数学者ピタゴラスにとって、音もまた、数学の一部だったのです。

実際のところ、ピタゴラスやその学派はその研究を秘密にしており、音程の法則をピタゴラスやその学派が発見したという確実な証拠は見つかっていません。しかし、ピアノの調律に使う用語（ピタゴラス音律などとよばれます）など、ピタゴラスの名は現在でも音楽用語として使われています。

強敵ペルシアには勝ったが、ギリシア世界は衰退に向かった

アテネやスパルタのようなポリス社会が発展していた頃、東のほうでは**ペルシア帝国**とよばれる一大帝国が

成長していました。ペルシア帝国はインドからエーゲ海にまたがる広大な領土と豊富な兵力を備えており、多くの民族を支配下に置いていました。

このペルシア帝国がギリシアに対して遠征を行い、ギリシアのポリスとの間で起こった戦争が「**ペルシア戦争**」です。マラトンの戦いやサラミスの海戦などの激戦を経て、アテネとスパルタを中心とするギリシアの連合軍は協力してペルシアを破りました。しかし、そのことがギリシアの衰退を招くことになるのです。

強敵のペルシア帝国を撃退したといえども、まだ滅亡させたわけではありません。依然、ペルシア帝国は強大さを誇っています。

そのため、エーゲ海周辺のポリスたちはペルシアの再侵攻に備え、デロス同盟という同盟を結んだのです。その盟主として、全ギリシア世界に対して指導的な立場になったのが、ペルシア戦争で終始ギリシアの中心として戦ったアテネでした。

これを脅威に感じたのが、スパルタです。スパルタはすでにペロポネソス同盟という都市国家の同盟を率いており、ペルシアに対抗するという名目があったとしても、アテネを中心とするデロス同盟の結成は、スパルタにとっては面白くないことでした。

対立を深めたアテネとスパルタはそれぞれの同盟を巻き込み、**ペロポネソス戦争**に発展することになります。共通の敵には協力して立ち向かっても、危機が去ったらいがみ合う、という格好です。

この戦争は長期化し、ギリシア世界全体が疲弊し衰退に向かいました。そのあとにギリシア世界に登場したのが、若き英雄アレクサンドロスです。

ピタゴラスを題材にした曲

ヨーゼフ・シュトラウス　ワルツ『天体の音楽』（1868）

天文学の研究でも知られるピタゴラスは、惑星のそれぞれが独自の音を発しており、宇宙全体がひとつの音楽を奏でているという、独自の考え方をもっていました。19世紀、こうした神秘的な考え方が占星術の流行とともにちょっとした流行になり、この流行に乗ってウィーンの作曲家ヨーゼフ・シュトラウスが作曲したのがワルツ『天体の音楽』です。ウィーン・フィルハーモニーのニューイヤーコンサートの定番曲でもあります。

ギリシア神話を題材にした曲

ストラヴィンスキー　バレエ音楽『ミューズの神を率いるアポロ』（1927～1928）

ロシアの作曲家ストラヴィンスキーは、一般的には巨大なオーケストラを用いた色彩感豊かな「派手」な曲で知られる作曲家ですが、この曲は弦楽器だけの小さな合奏曲として書かれています。アポロン神と「ムーサ」の女神のうち３人の女神を表現したバレエ曲で、派手さはないものの、時にひそやかに、時に踊るように、おしゃれに聞こえる古風で優雅な曲として知られます。

アレクサンドロスの登場と帝国

ギリシアからインドにかけて巨大帝国を作った若き英雄

◆巨大な帝国によって東西文化が融合した

ギリシアからインドにまたがる大帝国を築き、古代史を飾る英雄として知られる人物が、**アレクサンドロス大王**です。

世界史においては、アレクサンドロスを生んだ国が、ギリシア世界の北部に位置するマケドニア王国です。そのアレクサンドロスの業績のほうが有名ですが、その父フィリッポス2世もすぐれた王でした。マケドニアの軍備を整え、ペロポネソス戦争によって疲弊していたギリシア世界に進出し、ギリシア全土を支配下におさめました。そして、フィリッポス2世の死後、アレクサンドロスがその後を継ぐと、紀元前334年、アレクサンドロスはマケドニアとギリシアの兵を率いて東方に遠征を行い、ペルシア帝国を滅ぼしてインド北西部にまで勢力を伸ばしました。

アレクサンドロスがギリシアからインドにまたがる帝国を作ったことにより、東西の文化が融合したヘレニズム文化という文化が生み出されました。しかし、32歳の若さでアレクサンドロスが亡くなってしまうと、その巨大な帝国は分裂してしまいました。アレクサンドロスは歴史上に大きな足跡を残した人物ですが、アレクサンドロスを題材にしたクラシック曲は多くありません。

イタリア半島の都市国家から興り地中海を支配したローマの発展

多くの曲の題材になったローマの栄光

アレクサンドロスの登場から死、そしてその帝国が分裂していった頃、地中海方面に目を移すと、イタリア半島の統一を着実に進めていた国家がありました。それが**ローマ**です。

ローマは小さな都市国家から興り、やがて西ヨーロッパから地中海に及ぶ大帝国を築き、後世のヨーロッパ世界に大きな影響を与える存在となります。文化的にも、ローマの文化はギリシアの文化と並んでヨーロッパの文化の基礎とされます。ローマ時代の音楽そのものは現在にほとんど残っていないものの、クラシック音楽にはローマの歴史を題材にした曲も多く、ローマの栄光が多くの人にしのばれたことがわかります。

最大のライバルを破り地中海の覇者へ

「ローマは一日にして成らず」という言葉の通り、ローマは小さな都市国家から長い歴史をたどって大帝国になった国家です。ローマの歴史の前半は、（最初期を除いて）王や皇帝を持たない時代でした。この時代は「**共**

和政」のローマとよばれます。共和政の「共和」とは、王を持たない、という意味ですが、この時期は貴族や平民の身分間の争いが絶えない時代でもありました。しかし、内部で対立を抱えながらも、ローマはイタリア半島の各地の勢力を破って順調に拡大を続け、イタリア半島を統一していったのです。土木技術や統治制度の構築に長《た》けたローマは、戦争を進めながらも道路の建設や統治体制の確立につとめ、着実にその支配を固めていきました。

紀元前3世紀、イタリア半島を統一したローマに立ちはだかった強敵が、地中海を挟んだ向かい側、現在のチュニジアを本拠地にしていた**カルタゴ**です。このカルタゴとローマが地中海の覇権《はけん》をかけて争った戦争が**ポエニ戦争**です。カルタゴには世界史屈指の名将とされる**ハンニバル**がおり、ローマは滅亡の危機にさらされますが（ハンニバルは象を用いた軍団でアルプス山脈を越え、イタリアの北部から回り込むという大規模な作戦を用いました）、ローマにも名将スキピオが登場して逆転し、結果的に紀元前１４９年、ポエニ戦争はローマの勝利に終わりました。最大のライバルに勝利したことで、ローマは地中海の覇者となるのです。

ローマを題材にした曲

レスピーギ
交響詩『ローマの松』より「アッピア街道の松」（1924）

イタリアの作曲家レスピーギの代表作である、『ローマの噴水』『ローマの松』『ローマの祭』の「ローマ三部作」は、ローマのさまざまな場所を題材にして作曲された色彩感豊かな曲として知られます。『ローマの松』の４曲目である「アッピア街道の松」は、街道をローマの軍隊が歩みを進める様子を描写した輝かしい曲として知られ、ローマ軍の栄光を今に伝えています。

◆内乱の時代と英雄カエサルの登場

このように、ローマは順調に拡大していきましたが、内部では平民と貴族の対立が続き、ローマに征服された都市の反乱や剣闘士奴隷の反乱なども相まって、非常に混乱していました。この時代（おおむね紀元前2世紀後半から紀元前1世紀前半）を「内乱の1世紀」といいます。

その混乱をおさめ、民衆の期待を集めたのが、**カエサル**をはじめとした有力者たちです。中でもカエサルは、ガリア（現在のフランス）への遠征を成功させて名声を高め、平民を中心とする広い層からの人気を集め、独裁的な権力を手にしました。貴族を中心とした元老院は、平民の支持を受けて次々と改革を打ち出すカエサルに対し、共和政の伝統を破ってカエサル自身が王位に就《つ》こうとしているのだ、と反発し、紀元前44年、カエサルは共和派や元老院の伝統を重んじる一派に暗殺されてしまいました。

カエサルは亡くなりましたが、カエサルの存在は、広大な国家をおさめるには、少数の政治家に強いリーダーシップを与え、方針決定をさせたほうが安定するという一例を示しました。ローマは王を持たない「共和政」から、ただ一人の皇帝に権力を集中させる「帝政」へ舵《かじ》をきることになります。

◆拡大するローマの悩み

イタリア半島統一、ポエニ戦争、カエサルの遠征など順調に拡大を続け、地中海の覇者となっていたローマですが、その一方では社会の不安定化が進んでいました。

戦争に勝利すると、多くの領地と大量の奴隷が手に入ります。特に奴隷は非常に安価な労働力で、奴隷に働かせることにより、安く農産物が生産できるようになったのです。

一方、今まで自分の土地を持ち、耕すことによって生活していた自作農民たちは、長期の戦争に駆り出されて農地を十分に耕作することができないうえに、奴隷が作った農作物との価格競争に敗れてしまい、失業してしまいます。失業した農民たちは生活の糧《かて》を求めて都市に向かい、「無産市民」という階層になります。無産市民たちはかなりの人数にのぼりますので、ひとつ間違えると大きな不満を抱える反乱勢力になりかねません。

事態を危惧したローマの政治家や皇帝たちは、大量の失業者に「パンとサーカス」、すなわち食事を提供し、闘技場での剣闘を見せるなどの娯楽を与えることで彼らの不満をそらそうとしたのです。ローマの権力者たちにとっても、闘技場での剣闘を主催することは、民衆に自分の存在をアピールし、民衆の意思を知るうえでも重要なことでした。ローマのコロッセオをはじめとする、帝国の各地に設けられた闘技場では、剣闘士奴隷同士や、猛獣対人間などの命がけの殺し合いが盛んに催され、観客の熱狂を生みました。

ローマを題材にした曲

レスピーギ
交響詩『ローマの祭り』より「チルチェンセス」（1928）

レスピーギの「ローマ三部作」からもう１曲を取り上げます。『ローマの祭り』の「チルチェンセス」では、皇帝ネロが民衆に向けて催したという、猛獣にキリスト教徒を襲わせるという、闘技場での残酷な見せ物の様子が描かれています。闘技場に詰めかけた人々のざわめきや見せ物の開始を告げるラッパのファンファーレ、猛獣の声を模した音など、残酷な祭りの熱狂の高まりが音楽で表現されています。

ただ一人の皇帝の統治のもと、ローマは「世界帝国」へ

◆帝政の始まりと「ローマの平和」

カエサルの死後、ローマに再び混乱が訪れましたが、内乱を制したのはカエサルの養子であった**オクタウィアヌス**でした。カエサルが敷いた「ただ一人がローマを統治していく」というレールはオクタウィアヌスに受け継がれ、紀元前27年にオクタウィアヌスは元老院から**アウグストゥス**（尊厳者）という称号を得てローマの初代皇帝となります。ここから約５００年間にわたる時代を、ローマの「**帝政**」の時代といいます。

初代皇帝アウグストゥスから、第13～17代目の、いわゆる「五賢帝」の時代までの約２００年間の時代を「ローマの平和」の時代といい、ローマの圧倒的な力によって地中海に平和が維持されたローマの黄金期とされます。五賢帝の一人である第14代皇帝の**トラヤヌス**の時代にローマは最大領域に達しました。

◆イエスの登場とキリスト教の成立

オクタウィアヌスが初代皇帝アウグストゥスとして帝政を始めようとしていたそのとき、パレスチナの地に

イエス＝キリストが登場しました。

イエスが生まれた当時、パレスチナの人々の多くが信仰していたのは、ユダヤ教でした。パレスチナは豊かな地ではないため、困窮《こんきゅう》する民衆が多くいました。そのうえ、ローマ帝国はユダヤ教徒に対して不利な政治を行っていたため、ユダヤ教徒の民衆たちの苦しみは大きなものがありました。

そんなときに、ユダヤ教の祭司たちはというと、人々に救いを与えることよりも戒律を守らせることばかりを説き、ユダヤ教の祭司たちもいくつもの派閥に分かれて争うという状況であったので、人々は自分たちを救ってくれる救世主の登場を待ち望むようになっていました。

こうした状況の中で登場したイエスは、ユダヤ教が形ばかりのものに陥っていると批判し、「神は罰ではなく、愛を与えるのだ」「神が愛を与えるように、周りの人に愛を与えなさい」という、神の愛と隣人愛を説きました。このような考え方は貧しい人々や差別を受けていた人々に癒《いや》しを与え、数々の奇跡を起こしたという噂《うわさ》も広まり、いつしかイエスは「救世主（ギリシア語でキリストといいます）」とみなされるようになります。

イエスの生涯を題材にした曲

ヘンデル　オラトリオ『メサイア』より「ハレルヤ・コーラス」（1740～41）

イエス＝キリストの受難物語を示した曲の代表として、ヘンデルの『メサイア』が知られます（メサイアとは、メシア、すなわち「救世主」であるキリストのことです）。「ハレルヤ・コーラス」は、イエスの復活とその教えの伝道の様子を描写した『メサイア』の第２部の、締めくくりの場面で、神の栄光をたたえる非常に有名な音楽です。

しかし、ユダヤ教の聖職者たちにとっては、イエスの存在は自らの批判につながります。イエスをよく思わない人々によって、イエスはローマの総督に引き渡されてローマに対する反逆者として裁かれ、十字架にかけられました。そして、十字架にかけられた3日後にイエスは復活して弟子たちの前に姿を現わし、そのあとに「昇天」したとされるのです。イエスの死後、弟子たちはイエスの生前の言葉を思い出し、「救世主」と位置付けて礼拝を行うようになり、伝道を始めます。これが**キリスト教**の始まりです。

キリスト教は民衆に広まっていきましたが、ローマの皇帝たちはキリスト教徒をしばしば迫害しました。ローマ皇帝はローマの神々を信仰する神官の長であり、自らも神の一員という位置付けであったからです。

◆ローマの混乱とキリスト教の大弾圧

「五賢帝時代」を過ぎると、ローマの拡大は止まり、「3世紀の危機」とよばれる混乱の時代を迎えます。特に、3世紀中盤から後半の「**軍人皇帝時代**」とよばれる時代には、50年間で26人も皇帝が代わる混乱期となりました。

3世紀の終盤、この混乱をおさめてローマに再び安定をもたらしたのが**ディオクレティアヌス**という皇帝です。強力なリーダーシップを発揮するために皇帝を神として礼拝させ、皇帝を絶対の権力者とする専制君主としてふるまいました。また、領土が巨大になりすぎていたローマを東と西に分け、それぞれ正帝と副帝の2人、すなわち4人の皇帝によってローマを分割して統治するという四帝分治《よんていぶんち》を行い、帝国の支配を再び安定させることに力を尽くします。

ディオクレティアヌスはローマの安定には大きく貢献したものの、「皇帝を神として礼拝する」ことに従わないキリスト教徒に対しては厳しく取り締まり、歴史に残るような大迫害を行いました。

キリスト教の公認と国教化

キリスト教は誕生してからずっと、ローマ帝国から迫害される存在でしたが、誕生からおよそ３００年たった4世紀初頭にようやく、ローマ帝国からその信仰が認められるようになります。

ローマ皇帝**コンスタンティヌス**は３１３年、いわゆる「**ミラノ勅令**《ちょくれい》」を発してキリスト教をはじめとするすべての宗教に信仰の自由を認めました。コンスタンティヌスは、すでに無視できない大勢力となっていたキリスト教を公認することでその力を借り、相次ぐ内乱をおさめ、帝国をひとつにしようとしたのです。以後、キリスト教はローマ帝国の公認宗教となり、コンスタンティヌスもキリスト教を積極的に保護したため、この時代にキリスト教の勢力は飛躍的に広まりました。

東西分裂前のローマ帝国最後の皇帝である**テオドシウス**の時代には、キリスト教以外の宗教が禁止され、いよいよキリスト教はローマの「国教」の位置付けとなります。この時代のローマはゲルマン人の侵入にさらされている末期的な状態で、テオドシウスは2人の息子にローマを東西に分割して相続させ、以後、ローマはひとつになることはありませんでした。

ローマ帝国末期におけるキリスト教の公認や国教への移行によって、人々はそれまで「地下活動」であったキリスト教の信仰を堂々とできるようになりました。この時代をきっかけにキリスト教はヨーロッパ全域に広がることになり、キリスト教文化はヨーロッパ文化の中心的位置を占めるようになります。礼拝で歌われていた聖歌などもヨーロッパ中に広がり、西洋音楽のルーツとなりました。

COLUMN

レクイエム

数多くの作曲家が作曲した「死者のためのミサ曲」

キリスト教においては、さまざまなミサが行われます。その中には亡くなった人が安らかに眠れるように神に願う「死者のためのミサ」があります。この、死者のためのミサに使われる音楽が「レクイエム」です。レクイエムは昔から今まで、多くの人々が作曲してきました。死者に捧げる曲という位置付けから、作曲家たちもレクイエムに特別な思いを込めて作曲することが多く、多くの名曲が残されています。

モーツァルトのレクイエム

レクイエムの中でも、もっとも有名なもののひとつがモーツァルトのレクイエムです。レクイエムの作曲途中にモーツァルトが亡くなり、自身にとってのレクイエムにもなったということは、非常にドラマチックな印象を人々に与えています。生前のモーツァルトがこのレクイエムを完成させたのは全体の5分の1ほどで、約5分の3は残された合唱と和音を利用してのちの作曲家による補作が行われた部分であり、残りの5分の1ほどはモーツァルトの作品ではなく、のちの作曲家が創作したものです。作曲家が補った部分はしばしば、モーツァルト自身が作曲した部分に比べると見劣りすると言われますが、その部分を含めても名曲中の名曲であることは間違いありません。

ベルリオーズのレクイエム

フランスの作曲家ベルリオーズが作曲したレクイエムは、演奏に要する人々の規模が非常に大きな曲として知られます。大規模なオーケストラと200人にものぼる合唱、そしてホールの四隅に配置された、金管楽器の別動隊が4群、16台のティンパニなど、ほかでは見られない楽器の用法となっています。

この曲の聴きどころは、「怒りの日」です。最後の審判を告げるラッパの音の箇所では、舞台の四隅の金管群が鳴り響き、16台のティンパニがハーモニーを作りながら鳴らされます。その一方では、非常に静かな部分もあり、その対比が興味深い曲でもあります。

ブラームス『ドイツ・レクイエム』

通常、レクイエムはカトリック教会におけるミサであり、かつてのローマ帝国の言葉であったラテン語で歌われるものでした。しかし、ドイツの作曲家で、ルター派のプロテスタントの信者であったブラームスは、ルターがかつて翻訳したドイツ語の聖書から文章を選び、ミサとして使うためではなく、演奏会用の作品として『ドイツ・レクイエム』を作曲しました。ですから、レクイエムとしての雰囲気は共通するものの、その歌詞の内容は他のレクイエムとは違うものです。第6曲のフーガは非常に荘厳で高らかに鳴り響き、大きなクライマックスを作っています。

ヴェルディのレクイエム

一般的なレクイエムでもっとも聴きどころとなるのが、「続唱」の中の「怒りの日」という部分でしょう。歌詞の中に「全土の墓の上に妙《たえ》なるラッパの音が響き渡り、すべての人は玉座に集められる」という部分があるために、作曲家たちはその場所で「ラッパを響き渡らせ」る必要があるためです。モーツァルトの補作ではこの部分にトロンボーンの独奏を使い、ベルリオーズは4群の金管の別働隊を使っています。

イタリアの作曲家ヴェルディが作曲したレクイエムも、その「怒りの日」が聴きどころになっています。「ラッパの音が響き渡り」の部分では舞台から離れたところにラッパを配置し、ファンファーレ的なモチーフを演奏しますが、その直前に、打楽器を伴うオーケストラの強烈なリズムを持つ有名な導入部があります。テレビ番組のBGMにも、よく使われているので、聴いたことがあるという人も多いかもしれません。

フォーレのレクイエム

モーツァルトとヴェルディ、そしてこのフォーレのレクイエムは「三大レクイエム」としてよく知られています。フランスの作曲家フォーレが作曲したこのレクイエムには「怒りの日」の部分がなく、死者の平安を静かに祈り、神の栄光を静かにたたえる音楽に終始しています。

最後には「イン・パラディスム（楽園へ）」という部分が付け加えられ、天使に導かれて楽園に行けるようにとの祈りで終わります。とても穏やかな「癒し系」のレクイエムと言えるでしょう。

ブリテン『戦争レクイエム』

20世紀のイギリスの作曲家ブリテンが、第二次世界大戦で破壊された教会の再建を祝う式典のために寄せたレクイエムです。ラテン語による従来のレクイエムの形式をとる部分と、第一次世界大戦に参戦して戦死したイギリスの詩人の詩の部分があり、それらが交互に演奏されることで、強い反戦のメッセージとなっているところが特徴です。

第2章

中世の音楽

（5～14世紀）

さまざまな国家が成立しキリスト教文化が定着した時代

歴史のあらすじ

ローマ帝国が分裂してからルネサンスが始まるまでの約1100年間、おおむね西暦400年から1500年ぐらいまでの長い時代を中世とよびます。本書ではこの長い中世を、前期、中期、後期に分けて、それぞれの時代の歴史と音楽に関連することがらを紹介していきたいと思います（おおむね、前期をフランク王国の時代、中期を各王国の時代や十字軍の時代、後期をイギリスとフランスの百年戦争の時代、というように分けます）。

中世は多くの国家が入り乱れる、見方によっては混乱の時代でした。しかし、その混乱の中から現在のヨーロッパ世界のもととなる多くの国家が形成されました。これらの国々では、主にキリスト教が信仰されたため、ヨーロッパ各地方の文化にキリスト教の文化が融合し、ヨーロッパの文化の基盤が作られました。

音楽のあらすじ

中世のヨーロッパではキリスト教会が強い権威を持っており、中世の文化はキリスト教会の影響を強く受け

この章の舞台
（11世紀の中世ヨーロッパ）

たものでした。音楽も例外ではなく、各地の教会で歌われていた聖歌が、それぞれの地域の音楽文化の基礎となりました。特に、9世紀頃にまとめられた**グレゴリオ聖歌**はルネサンス音楽やバロック、そして現代までつながる音楽の源流となる、音楽史の中でも重要な存在です。

また、中世の民衆には生き生きとした暮らしもありました。庶民の歌や、各地を回っていた吟遊《ぎんゆう》詩人《しじん》の歌など、人々の暮らしの中の音楽もあったに違いありません。そうした世俗の音楽の多くは、現代には残っていませんが、中世の文学や、中世を題材にしたクラシック音楽の中にその名残を見ることができます。

また、中世を通して楽譜の書き方が次第に発展しました。これが、のちの音楽に非常に大きな影響を与えることになります。

西ヨーロッパ世界の作り手となったフランク王国とキリスト教の文化

◆ゲルマン人の大移動から始まるヨーロッパ中世

中世の始まりを告げる大きな変化が、375年に始まる、いわゆる「**ゲルマン人の大移動**」です。4世紀後半、アジア系遊牧民のフン人が黒海の北方から西に移動し、ゲルマン人の諸民族を圧迫したことから、この「大移動」とよばれる事件が始まりました。

ゲルマン人はバルト海周辺を原住地とする民族で、ローマ帝国の頃には、スカンジナビアから南ロシアにかけての広い範囲に居住していました。その一部は小作人や傭兵《ようへい》となったり、国境付近に侵入して略奪を働いたりしながら、徐々にローマ帝国内に移住していました。ところが、フン人に圧迫されることによって、多数のゲルマン人が一気にライン川やドナウ川のローマ帝国の防衛線を越え、ローマ内部に移動してきたのです。

ゲルマン人は、それまで北西ヨーロッパに居住していたケルト人や、ローマ帝国に居住していたラテン人を圧迫しながら新たな居住先を探し、移動先に次々に国を建てていきました。こうした混乱の中で、ローマ帝国が分裂したうちの「西ローマ帝国」も滅亡してしまいました。

ゲルマン人国家の主役となったフランク王国の誕生

このゲルマン人が作った国々の中でもっとも有力となり、現在のフランスとドイツのもとになったのが**フランク王国**です。

5世紀末にフランク王国を建国したのが、**クローヴィス**という人物です。クローヴィスは建国したあとすぐにキリスト教、その中でもかつてのローマ帝国が正統派としていたカトリックに改宗し、カトリックを保護する方針を打ち出します。

もともと、フランク王国が建国されたところはローマ帝国の領域でした。ということは、そこの住民たちの多くが、ローマ帝国末期に「国教」となっていたキリスト教、その中でもカトリックの信者だったということになります。そうした、かつてのローマ帝国領の人々にとっては、ゲルマン人を率いる王は異教や異端を信仰する「よそ者」のような存在でした。しかし、クローヴィスがカトリックに改宗したことで、よそから移動してきたゲルマン人の王が自分たちの文化に「寄せてきた」格好となり、住民たちからの好感度が高まって、その統治に協力的な姿勢になります。こうした宗教政策も、フランク王国が有力になった要因だったのです。

フランク王国の発展

フランク王国の最盛期は、**カール大帝**によってもたらされました。カールは周辺の諸勢力を次々と破ってフランク王国の領域を拡大し、現在のフランス、ドイツ、北イタリアにまたがる、西ヨーロッパの主要部を支配下に置きました。

このカールに接近したのが、ローマのカトリック教会を率いる**ローマ教皇**でした。ヨーロッパの東では、ローマ帝国の正統な後継者である東ローマ帝国と、東ローマ帝国との結び付きが深いライバルのコンスタンティノープル教会の存在があり、どちらかといえばローマ教会（カトリック教会）は弱い立場だと見られていました。そこで、カトリック教会はフランク王国と連携を深めることによって、強力な保護者になってもらおうとしたのです。

西暦800年、ローマ教皇はカール大帝にローマ皇帝の冠を授けました（**カールの戴冠《たいかん》**）。これは、ローマ教会がカールがおさめるフランク王国をかつてのローマ帝国に見立て、その新たな「ローマ帝国」の保護のもと、東ローマ帝国やコンスタンティノープル教会に対抗する教会勢力になろうとしたのです。

こうしてフランク王国とローマ教会が結び付くことで、いよいよキリスト教文化がヨーロッパに根付くことになり、キリスト教文化とゲルマン文化が合流した、西ヨーロッパの文化のベースができるのです。カール大帝は芸術や学問にも理解を示し、ひとつの文化的な盛期をもたらしました。

カール大帝の時代には強大であったフランク王国でしたが、カールの死後しばらくして3つに分かれます。フランク王国にはもともと、子どもに領地を分けて相続させる分割相続の伝統があったことや、カールの子孫たちがカールのように大きな帝国をまとめる手腕には乏しかったことが、合意のうえで帝国を3つに分割したことの理由に挙げられます。

フランク王国が分裂した結果できた国々が、西フランク王国、東フランク王国、イタリアの3つです。この3つの国が、その後のフランス、ドイツ、イタリアのもとになるのです。

中世前期の音楽

今も「癒しの音楽」として歌い継がれるグレゴリオ聖歌の誕生

◆「大教皇」グレゴリウス１世の登場

フランク王国の働きはゲルマン人社会にキリスト教が根付く大きな役割を果たしましたが、６世紀のローマ教皇**グレゴリウス１世**の布教活動も、ゲルマン社会にキリスト教が根付く大きな力になりました。

グレゴリウス１世はもともとローマの貴族の家に生まれましたが、修道院に入り、５９０年にローマ教皇になると、キリスト教の布教、特にカトリックの定着につとめました。また、イギリスへの布教に成果をあげた人物として知られています。グレゴリウス１世があげたその成果の大きさから、カトリック教会では「大教皇」とよばれます。

◆「大教皇」の名を冠したグレゴリオ聖歌

このグレゴリウス１世の名前を冠した聖歌が、**グレゴリオ聖歌**です。ローマ帝国はその末期にキリスト教を公認し、次いで国教化したのですが、その時にローマ帝国の領土内の各地に、キリスト教会の聖歌も広がりました。キリスト教では、ユダヤ教の儀式の伝統を受け継ぎ、初期の頃から歌が儀式の中に取り入れられていたのです。

この、ローマ帝国によって広がった聖歌に、ヨーロッパ各地の伝統的な歌が融合され、少しずつ形を変えながら聖歌が発展していきます。

9世紀頃にはそれが「グレゴリオ聖歌」と言われる一連の聖歌の形をとるようになりました。グレゴリオ聖歌が確立したのはグレゴリウス1世の時代からずいぶんあとのことで、直接の関係は薄いと考えられていますが、象徴的な人物の名を聖歌集につけることで、その権威が高められたのです。カール大帝もこのグレゴリオ聖歌を整備し、普及させることに大きな役割を果たしました。

この聖歌ははじめ、口伝えで歌い継がれるものでしたが、のちに楽譜に書き起こされてカトリック教会の公式な聖歌となり、儀式になくてはならないものとなります。グレゴリオ聖歌は現在、男声合唱で歌われることが多く、神秘的な「癒しの音楽」として人気を博しています。

この時代に作曲された音楽

グレゴリオ聖歌

中世の聖歌の代表例である「グレゴリオ聖歌」は、聖書の言葉を「ひとつの旋律で詠唱する（単旋律）」という形式をとります。ローマ帝国の時代から歌い継がれてきた聖歌と、各地で独自に発展してきた聖歌が融合し、中世を代表する国家であるフランク王国が最盛期を迎えた9世紀頃に形式が整えられたといいます。どれも美しく神秘的な曲で、目をとじて聴いてみると中世の教会にタイムトラベルをしているような気持ちになります。

中世中期の歴史と音楽

さまざまな国家の興りと文化を育んだ中世都市の発展

◆「神聖ローマ帝国」が成立したドイツ

ここから、中世の中頃のお話になります。ヨーロッパの各地に建国された国々の動きと、十字軍を中心とした動きを見ていきましょう。まず、フランク王国が3つに分かれたあとの、その後の各地の国々がどう推移したかをお話ししたいと思います。

「東フランク王国」とよばれた現在のドイツにあたる地域は、10世紀にはフランク王国の血筋が途絶え、王国がさらに分裂する危機に直面しました。そのうえ、マジャール人（ハンガリー人）に侵入をくり返され、弱体化が進んでいました。

ここで登場したのが、**オットー1世**という人物です。オットー1世はマジャール人を撃退することに成功して名声を高め、さらに北イタリアに出兵し、当時、戦争で窮地に立たされていたローマ教皇の危機を救ったことから、962年、ローマ教皇からローマ皇帝の冠を授かり、カール大帝のように名目上の西ローマ帝国の皇帝になりました。ここから、ドイツは「**神聖ローマ帝国**」とよばれるようになるのです。

これ以降、神聖ローマ帝国は、実際はドイツの王であるにもかかわらず、「ローマ皇帝」として絶えずイタリアに関心を持つようになり、文字通りローマの支配をもくろんで北イタリアの内政に干渉し、出兵をくり返すようになります。

しかし、それはイタリアの諸都市の抵抗を招き、なかなかうまくいきませんでした。イタリアへの干渉や出兵によって歴代の皇帝たちのドイツ国内の統治は手薄になり、ドイツは諸侯《しょこう》や騎士たちの独立性が高く、諸侯の寄せ集めという格好の、統一感を欠く地域となってしまいました。

神聖ローマ帝国はその形を変えながらも（諸侯の寄せ集めという基本は変わりませんが）、1806年にナポレオンによって解体されるまで存続しました。本書でも「神聖ローマ帝国」の名称はよく使用されるので、「ドイツ諸侯の連合体」というようなイメージを頭に残しておいていただきたいと思います。

分裂状態が続いたイタリア

フランク王国が分裂したあと、イタリアではフランクの王家がすぐに途絶えてしまい、諸侯や都市がモザイク状に存在する地域になりました（ローマ教皇も、この中の一領主として「ローマ教皇領」を持っています）。このような状況の中、北からは神聖ローマ帝国やビザンツ帝国（東ローマ帝国）が支配をもくろんで介入を行い、南にはイスラーム勢力やノルマン人（ヴァイキング）系の国が建てられ、不安定な状況が続きます。

王権が次第に拡大したフランス

フランク王国が分裂したあと「西フランク王国」になったフランスは、ドイツと同じように10世紀にフランク王国の王家が途絶えてしまいました。代わりに王となったのが、パリ周辺の領主であった**ユーグ・カペー**という人物です。以後、19世紀にいたるまで、フランスの王家は血筋をたどるとこのユーグ・カペーに行きあたります。

このユーグ・カペーを初代とし、約300年間続くフランスの王朝を**カペー朝**といいます。はじめ、カペー家の領地はパリ周辺に限られ、家臣にあたる諸侯のほうが領地が大きいことも多く、その王権はあまり強くありませんでした。

しかし、時代が進むにつれ王権は拡大し、のちの大国フランスの基礎ができていきます。有名な王としては、第3回十字軍に参加し、大陸に存在していたイギリスの領土を奪いフランス領を拡大した「尊厳王」**フィリップ2世**、第6回、第7回十字軍を主導し、国内政治の充実につとめた「聖王」**ルイ9世**、王権を強化し、ローマ教皇をも屈服させる権威の高さを誇った「端麗王」**フィリップ4世**などが挙げられます。

◆フランスの家臣が王となったイギリス

イギリスの地にはもともと、ケルト系とよばれる民族が居住していましたが、ローマの時代になるとカエサルがイギリスに侵入し、帝政の初期にはローマの支配下に入りました。

中世に入ると、イギリスにはゲルマン人の一派、アングロ・サクソン系の民族が侵入し、国家を建設しました（現在でもイギリス系の人々を「アングロ・サクソン系」とよんだりする場合がありますが、それはこのためです）。ここから、イギリスはノルマン人（ヴァイキング）系の国家が建ったり、再びアングロ・サクソン系の国家が復活したりと、王朝が目まぐるしく交代します。

そして、現在のイギリス王家につながる、重要な王朝がイギリスに成立します。それが**ノルマン朝**です。フランス王の家臣であったノルマンディー公の**ウィリアム1世**という人物が1066年にイギリスを征服し、王朝を建てたのです。この人物はフランスのユーグ・カペーと同じく、イギリスの歴代の国王の系図をたどっていくとこの人物に行きつくという、イギリス史にとって重要な人物です。

このノルマン朝は100年もせずに断絶しましたが、その後にイギリスの王位を受け継いだのは、イギリス王の親戚でもあったフランスの家臣、アンジュー伯でした。ここから始まる王朝を**プランタジネット朝**といいます。ですから、中世のイギリス王は、ノルマン朝からプランタジネット朝にかけて、フランスの家臣でありながらもイギリス王を兼ねているという状況でした。

プランタジネット朝の王には、第3回十字軍に参加し、「獅子心王《ししんおう》」の異名をとった**リチャード1世**、失政を重ね、貴族たちから**「マグナ＝カルタ（大憲章）」**を突き付けられて王権の制限を迫られた**ジョン王**、低下していた王権を回復し、議会との協力関係を築いた**エドワード1世**などがいます。

◆東ヨーロッパのビザンツ帝国とキエフ公国

東ヨーロッパに目を移すと、現在のギリシア周辺には、ローマ帝国が東西に分裂したうちのひとつ、**東ローマ帝国**が存在しています。東ローマ帝国はローマ帝国の正統な後継者にあたる国家ですが、次第にギリシアの文化の影響を強く受けるようになり、言語はギリシア語、宗教はキリスト教の東方正教会というように、西ヨーロッパ世界とは別の文化を持つことになります。この東ローマ帝国は、首都のコンスタンティノープルの旧名「ビザンティウム」から名をとり、「ビザンツ帝国」とよばれるようになりました。

さらに東には、ロシアの前身となる**キエフ公国**も誕生しています。もともとヴァイキング系の国家だった国が、キエフを拠点にスラヴ人との融合を進め、ロシアの前身となったものです。このキエフ公国の家系が、のちのロシアの王朝の祖となります。しかし、このキエフ公国はモンゴル帝国の拡大により滅ぼされ、ロシアは１００年間近くモンゴル人の支配下に入ります。

◆目的を達成できなかった十字軍

フランスやイギリスの王を紹介したときにも少し触れていますが、この中世中期の時代は**十字軍**が何度にもわたって派遣されていた時代でもありました。

ヨーロッパ諸国が、イスラーム勢力に対して遠征軍を派遣した事件を十字軍といいます。イスラーム勢力が拡大し、聖地イェルサレムが独占されたことに対して（イェルサレムはキリスト教にとってもイスラームにとっても重要な聖地です）、アジアにも近いビザンツ帝国（東ローマ帝国）の皇帝が脅威に感じて、西ヨーロッパ世界に救援を求めたことがそのきっ

キエフ公国を題材にした曲

ボロディン　歌劇『イーゴリ公』より「ダッタン人の踊り」（1869～1887）

『イーゴリ公』は、キエフ公国の武将イーゴリ公が中央アジア方面の遊牧民に対して遠征を行った、という中世のロシアの物語です。この物語にロシアの作曲家ボロディンが作曲したのが歌劇『イーゴリ公』です。第２幕の、捕虜になったイーゴリ公を、ダッタン人の王が奴隷たちの踊りでもてなす場面の「ダッタン人の踊り」は特に有名です。クラシックの曲の中でも非常に人気のある曲として知られ、オーケストラでもひんぱんに演奏されています。

かけです。これに応じて、ローマ教皇が呼びかけ西ヨーロッパの国々が中東に軍隊を派遣し、イスラーム勢力と戦いました。

1096年の第1回十字軍から1270年の第7回十字軍まで、大規模な十字軍は7回派遣されましたが、その目的を達成した十字軍は1回にすぎず、十字軍はおおむね失敗に終わりました。

しかし、十字軍の派遣によって、さまざまな変化が中世の社会におこりました。ひとつは、物や人が大規模に東西を移動したことで、その通過点となった都市が発展したこと、もうひとつは、十字軍を呼びかけた「呼びかけ役」のローマ教皇の権威が十字軍の失敗によって低下し、代わりに国王たちの権威が向上したことです。国王たちは十字軍の派遣にあたって、遠征の準備を行い、長い道のりを家臣や兵士とともに移動し、現地で戦争の指揮をとるという一連の過程の中で、国内でのリーダーシップを高めていったのです。

◆吟遊詩人たちが活躍した中世都市の発展

中世の中期から後期にかけて、十字軍の影響や、貨幣の使用の普及により、多くの都市が発展しました。この時代に発展した都市の多くは現在、世界遺産に登録され、人々をひきつける観光地となっています。こうした都市の中では、民間の歌い手たちが人々の耳に音楽を届けていました。そうした歌い手たちの代表例が、吟遊詩人といわれた人々です。

吟遊詩人は、各地を回りながら伝承や物語、騎士たちの恋愛模様、見聞きした事件などを歌に乗せて伝え広める詩人たちで、十字軍の活躍の様子なども吟遊詩人の歌に乗せてヨーロッパに伝えられたといいます。中には宮廷を遍歴し、貴族や王に歌を聴かせた腕利《うでき》きの吟遊詩人もいました。

中世後半、都市が発達すると、各地を回らずに都市にとどまって、歌を歌うことを職業とする者も登場しました。ドイツでは歌い手の組合が結成され、すぐれた歌い手は「マイスター（親方）」となり、「マイスタージンガー（親方歌手）」とよばれました。

◆聖歌に変化を与えた音楽の「付け足し」

聖歌の世界では、次第にグレゴリオ聖歌の「付け足し」が行われるようになります。

たとえば、同じ旋律《せんりつ》を音程を変えて並行して重ね、「ハモらせ」たり、主旋律を加工してできた別の旋律を重ねたり（これらの、別パートを重ねることを「オルガヌム」といいます）、聖歌に新たなメロディを付け加えたりすることで変化を与え、響きを豊かにするようになります。こうしたオルガヌムを発展させた人々に、パリのノートルダム大聖堂を中心に活動したノートルダム楽派とよばれる人々がいます。

中世の人々を題材にした曲

オルフ　『カルミナ・ブラーナ』
（1937）

『カルミナ・ブラーナ』とは、ドイツ南部で19世紀に発見された中世の詩集のひとつです。恋愛の歌や酒の歌、運命の無常さを歌う詩など、中世の活気ある庶民の暮らしぶりがわかる史料となっています。ドイツの作曲家であるオルフは、この『カルミナ・ブラーナ』から詩を選び、歌曲集にしました。冒頭の「おお、運命の女神よ」は運命の無常さを歌い上げる、迫力のある有名な曲で、テレビのＢＧＭなどにも使われています。

イギリスとフランスの激突とハプスブルク家の台頭

イギリス・フランスの百年戦争

中世の中期の代表的な事件が十字軍ならば、中世後期の代表的な事件がイギリスとフランスとの間で戦われた百年戦争です。

中世中期のところでもお話ししましたように、中世のイギリス王は名目上のフランスの家臣でもありました。その中で、イギリスとフランスの王家は政略結婚が何度も行われ、血のつながりが深かったのです（たくさんの戦争も起きていますが）。

このような状況の中で、フランスのカペー朝の王家が断絶するという事件が起こりました。フランスでは、カペー家の親戚にあたるヴァロア家から王がたち、ヴァロア朝が成立しましたが、この王位継承に対し、フランス王家の親戚であったイギリス王家が反発し、フランス王位の継承を主張したのです。王位継承争いに加え、両国の間には毛織物生産が盛んなフランドル地方や、ワインの生産が盛んなギエンヌ地方をめぐる争いもありました。

こうして始まったのが長期にわたる**百年戦争**です。百年戦争の前半はイギリスが圧倒的に優勢でした。フランス軍は長弓隊《ちょうきゅうたい》を駆使するイギリス軍の戦術に敗北を重ね、フランス国内にもイギリスに同調する勢力が多く、フランスは崩壊の危機に直面しました。

ここでフランスに登場したのが、神のお告げを聴いたという少女、**ジャンヌ・ダルク**です。ジャンヌ・ダルクはフランス王からわずかな数の兵士をあずかってフランスの窮地を救いました。ジャンヌ・ダルクの活躍が転換点となり、フランスは大陸のほとんどからイギリス勢力を追い出すことに成功し、百年戦争はフランスの勝利という格好で終結しました。

この戦争により、フランス王家はイギリスの影響が強かった国内勢力を追い出すことができ、より王権が強化されることになりました。イギリスはこの百年戦争ののち、ばら戦争という大規模な内乱が発生します。この内乱は血で血を洗う激しいものでしたが、この混乱を収拾した王が権力を強化することになりました。

◆「ヨーロッパ一の名家」ハプスブルク家の登場

一方、現在のドイツにあたる神聖ローマ帝国では、15世紀の半ば頃から**ハプスブルク家**が皇帝の位をほぼ世襲することになりました。

ハプスブルク家はスイスの地方領主から興り、オーストリアに進出して広大な領地を持った貴族の家系です。この時代以降、ハプスブルク家はオーストリアのウィーンを中心にヨーロッパ一の名家として繁栄し、多くの音楽家が誕生した「音楽の都」ウィーンの基礎を作ります。

この時代の神聖ローマ帝国は、諸侯の連合体という形をとりながらも、現在のスイスやチェコ、ポーランドの一部、北イタリアのミラノ、ジェノヴァなどを含む広大な領域を持ちました。

ハプスブルク家とスイスを題材にした曲

ロッシーニ　歌劇『ウィリアム・テル』序曲

（1829）

神聖ローマ皇帝としてヨーロッパに支配の手を広げるハプスブルク家の領地であったスイスでは、ハプスブルク家の支配からの独立運動が起こりました。この独立運動における伝説的な英雄が、ウィリアム・テルです。イタリアの作曲家ロッシーニはこのウィリアム・テルの物語を題材に、オペラ『ウィリアム・テル』を作曲しました。中でも序曲の第４部「スイス軍の行進」の曲は、独立に立ち上がったスイスの軍隊の勇ましい様子を音楽で表現しています。

◆ペストの流行とカトリック教会の権威の低下

この時代は、疫病《えきびょう》であるペストの流行や相次ぐ戦乱が起こり、民衆にとっては「**14世紀の危機**」とよばれる苦しい時代でもありました。社会不安の中で、カトリック教会の無力さに対して疑問を持つ者もいれば、逆に救済を信じて教会にすがる者もいました。

その一方で、カトリック教会内部では人々の信仰心を利用し、「贖宥状《しょくゆうじょう》（それを買えば罪がゆるされ、魂が救われるとした免罪符）」を販売して資金源とすることが行われたり、教会での地位を売買することが横行したりしました。

このようなカトリック教会のふるまいを「悪しき伝統」として批判する人々もいました。これがのちの宗教改革の先駆けとなるのです。イギリスの**ウィクリフ**やチェコの**フス**がその代表です。特に、フスの活動は神聖ローマ帝国に支配されているチェコ人の独立心を刺激し、大規模な独立運動に発展しました。

「14世紀の危機」を題材にした曲

リヒャルト・シュトラウス　交響詩『ティル・オイレンシュピーゲルの愉快ないたずら』（1894～1895）

ティル・オイレンシュピーゲルというのは、中世の伝説上の人物であり、さまざまないたずらを繰り広げる小話集の主人公です。ドイツの作曲家リヒャルト・シュトラウスは、この人物が縦横無尽にいたずらをしかける様子を音楽で表現しています。曲の中のティル・オイレンシュピーゲルは絞首刑で亡くなりますが、伝説中のティル・オイレンシュピーゲルはペストで病死しており、「14世紀の危機」が背景になっていることをうかがわせます。

フス派の活動を題材にした曲

スメタナ　連作交響詩『我が祖国』より「ターボル」「ブラニーク」（1879）

カトリック教会を批判し、神聖ローマ帝国からの独立運動を展開したフス派の運動を音楽で描いたのが、チェコの作曲家スメタナの連作交響詩『我が祖国』の５曲目の「ターボル」と６曲目の「ブラニーク」です。祖国チェコのために立ち上がるフス派の民衆の様子を音楽で描いています。この『我が祖国』の２曲目が有名な「モルダウ」で、６曲の連作交響詩全体に、スメタナの祖国チェコに対する熱い思いを感じます。

◆楽譜は現代の形に近いものに

中世とルネサンスをつなぐ13～14世紀頃、その後の音楽にとって大きな変化が起きました。「定量記譜法《ていりょうきふほう》」という、現代の楽譜の書き方のもととなる楽譜の書き方（記譜法）が確立したのです。

キリスト教の成立のときから歌い継がれていた聖歌は、聖歌隊によって口伝えに歌い継いでいくものでしたが、次第に、その聖歌を「記録」する試みも始まりました。9世紀頃の最初期の楽譜法は「**ネウマ**」とよばれ、歌詞の脇に言葉のアクセントや旋律の動きを記号でメモ書きするようなものでした。ただ、旋律の動きを「上がる」「下がる」とメモ書きしても、どれだけ上がり、どれだけ下がるかはわかりません。

12世紀頃、ネウマに大きな変化が起こります。ネウマに線を引き、音程の目安を示すようになったのです。これを「譜線ネウマ」といいます。12世紀のフランスで書かれた譜線ネウマにはファの音とドの音の2本の線が引かれており、この線上にある記号はファとドであることがわかりますし、その間にある音は、少なくともファとドの間であることもわかります。線の本数も3本、4本と次第に増えました。

音楽を記録するには、音の高さとは別に、もうひとつの課題があります。それは、時間軸をどのように記録するかという課題です。それを解決したのが、「音の長さを音符の形であらわす」という手法です。13世紀末から14世紀にかけて音符の形で音の長さをあらわす手法が発展し、「音符の位置で音の高さを、音符の形で音の長さを示す」という**定量記譜法**が成立するのです。さまざまな本数であった楽譜の線も次第に「五線」に落ち着くようになります。この変化により、音楽は記録可能なものとなり、作曲した曲を楽譜に記録する作曲家や、楽譜を見ながら演奏する演奏家が登場することとなるのです。

第3章

ルネサンス音楽の時代

（14～16世紀）

音楽にも大きな影響を与えた人間らしさの復活と王たちの時代の到来

◆歴史のあらすじ

長い中世の終わり頃、文化や経済、宗教などさまざまな変化がヨーロッパで起きました。それが、**ルネサンス**や**大航海時代**、そして**宗教改革**などの変化です。これらの変化や航海術、印刷術などの技術の発達により、ヨーロッパは少しずつ近代の方向へ舵をきることになります（これらの変化の時代から、フランス革命などの市民革命の手前までの時代を「近世」といいます）。

また、この時代は王たちが絶大な権力を持ち、国を統治する**「絶対王政」の始まりの時代**でもありました。王が強いリーダーシップを持ち、国を挙げて大規模な戦争を戦うという時代に突入したのです。

◆音楽のあらすじ

これらの変化のうち、もっとも音楽に影響を与えたのはやはり、ルネサンスです。ルネサンスは中世の文化を受け継ぎながらも、より人間性や個性を尊重しようという文化運動です。キリスト教の影響が強く、画一的

この章の舞台
（ルネサンス・大航海時代・宗教改革）

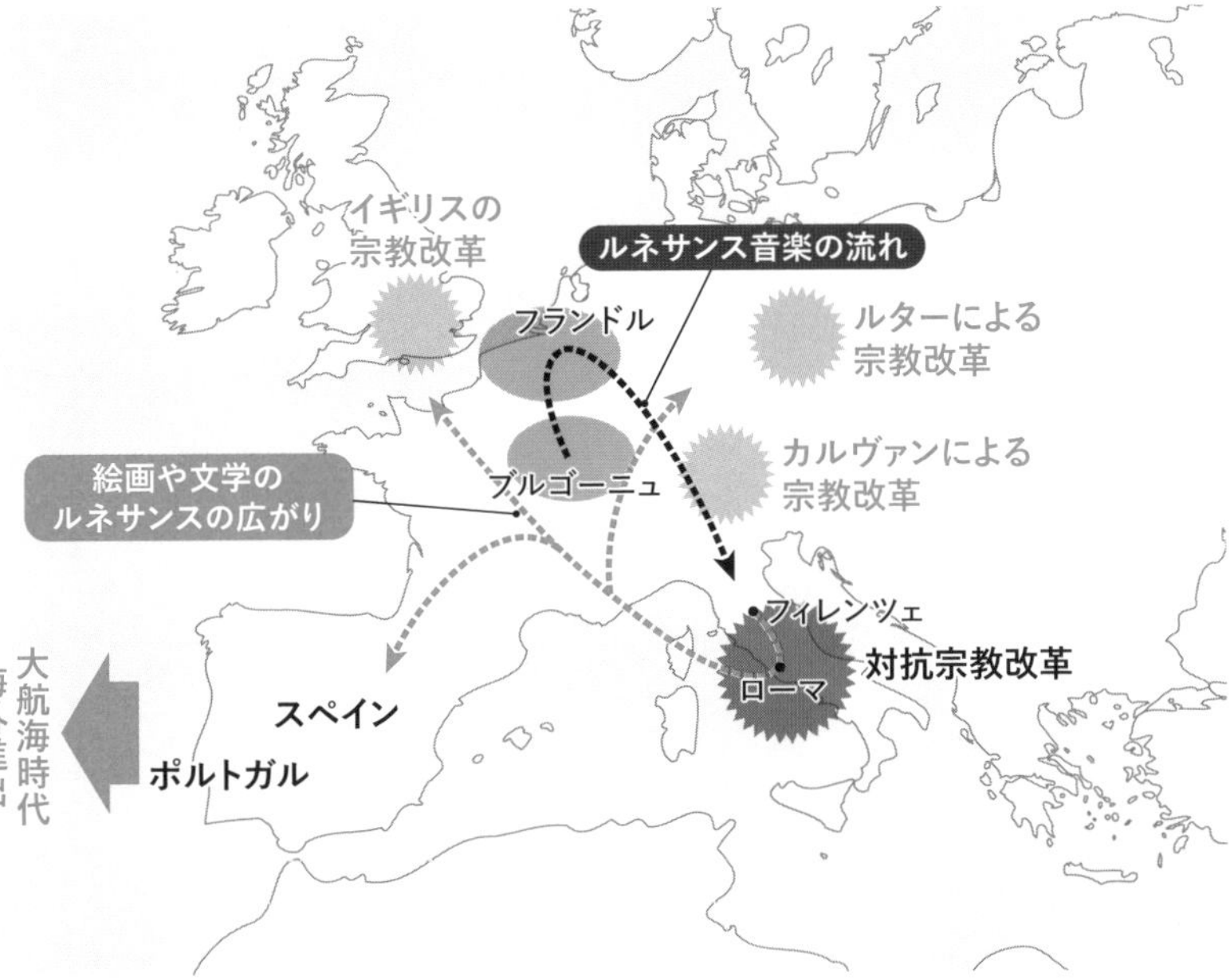

な傾向があった中世の文化と比べて、ルネサンスは（依然、キリスト教の影響は強いものの）、より人間の感情や理性が強調され、人それぞれの個性が絵画や文学などにあらわれるようになりました。

ルネサンス音楽は、「絵画や文学がルネサンスを迎えていた時代の音楽」というぐらいの意味合いで、ルネサンスが直接音楽に影響を与えていた、というわけではないのですが、それでも総じて豊かな響きを持つ、耳に心地よいぬくもりのある音楽が作曲されるようになりました。

絵画や文学のルネサンスの中心地はイタリアから次第にアルプスの北側に移っていきますが、ルネサンス音楽は、ブルゴーニュ（フランス東部）からフランドル（現在のベルギー周辺）、そしてイタリアに中心が移っていきます。

人間の心情や感性を重視した新しい文化が生み出された時代

◆イタリアから始まったルネサンス

中世の人々の価値観の中心には、神を中心としていたキリスト教の世界観がありました。この価値観のベースにあったのは、人間は生まれながらに罪深く、無力な存在という考えでした。

しかし、13世紀末頃から、古代のギリシアやローマの文化を理想として、人間を肯定的にとらえる新しい文化運動が起こりました。これが**ルネサンス**です。ルネサンスではそれまでの文学にはない、恋愛模様など人の心の動きを表現する文学が現れ、色彩鮮やかで遠近がはっきりした絵画などが生み出されました。

芸術や文学のルネサンスは、**フィレンツェ**などのイタリアの都市で始まりました。文学の世界では『**神曲**《しんきょく》』を著《あらわ》した**ダンテ**や『**デカメロン**』を著した**ボッカチオ**、絵画や建築の世界では**ジョット**らがいます。

13世紀末から14世紀初頭に活躍した初期ルネサンスの詩人であるダンテの『神曲』は、長編の叙事詩であり、「イタリア文学最大の古典」とも言われます。地獄から煉獄《れんごく》（罪を清めるための、期間限定の苦しみの世界）を経て天国にいたるという劇的な構成は多くの芸術家たちに刺激を与え、『神曲』を題材に、ボッティチェリの『地獄図』、ミケランジェロの『最後の審判』などの絵画の名作が生み出されました。

ダンテの『神曲』を題材にした曲

チャイコフスキー
幻想曲『フランチェスカ・ダ・リミニ』（1876）

ダンテの『神曲』の中には、夫の弟と恋に落ち、地獄に堕ちる女性、フランチェスカが登場します。実話をもとにしたこのフランチェスカのエピソードは多くの芸術家の創作意欲をかきたてましたが、チャイコフスキーの『フランチェスカ・ダ・リミニ』もそうした曲のひとつです。フランチェスカの過酷な運命を示す、激しくたたみかける表現が魅力的です。

ボッカチオの『デカメロン』を題材にした曲

スッペ　喜歌劇『ボッカチオ』序曲
（1879）

スッペの喜歌劇は物語の『デカメロン』そのものよりも、『デカメロン』を読んだ人々の人間模様を描いたお芝居に音楽をつけたものです。浮気物語である『デカメロン』を読んでハマってしまった奥様方に嫉妬した夫たちが、作者のボッカチオを街から追放してしまおう、といった話です。序曲だけを取り出して演奏される機会も多く、序曲だけでも十分にお話のコミカルさが伝わって、ウキウキ感がある名曲です。

ブルゴーニュ地方を中心に発展した初期のルネサンス音楽

音楽における、初期のルネサンスの中心となったのは現在のフランス東部のブルゴーニュ地方でした。中世のブルゴーニュにはブルゴーニュ公がおさめる領国（ブルゴーニュ公国）があり、フランス王家との血縁がありながらも、百年戦争のときにはイギリスと結ぶなど、独自の動きを見せていました。このブルゴーニュ公国で活躍した、デュファイを代表とする「ブルゴーニュ楽派」とよばれる人々は、中世末期に発達した楽譜の記述法を活用し、新しい表現を開拓していきました。

この時代はミサ曲やモテットとよばれる宗教音楽が中心に作曲されました。「厳格さ」を感じる中世のグレゴリオ聖歌に比べると、この時代の音楽はグレゴリオ聖歌をベースにしながらも、メロディックな旋律に調和したハーモニーが寄り添って「美しさ」や「温かみ」を感じさせるようになります。そのような面が、「神中心」から「人中心」に移行しつつあるルネサンスの精神の影響だと言われるのです。

ブルゴーニュ楽派を代表する作曲家、デュファイ（1397～1474）

15世紀の作曲家であるデュファイは、ブルゴーニュ楽派を代表する作曲家として知られます。デュファイはフランドルで生まれ、その前半生はフランスやイタリア、後半生は故郷であるフランスのカンブレーの大聖堂で活動しました。

デュファイの前半生の時代のフランスは、フランスとイギリスの百年戦争が続いており、戦争にともなってイギリスの文化が入り込みやすい状況にありました。また、デュファイ自身はイタリアのボローニャやローマで歌手として活動し、しばしば拠点をイタリアに移していました。

そのため、デュファイの音楽にはイギリスの音楽や、イタリアの初期ルネサンスの影響があらわれています。特に、イタリアの初期ルネサンスの雰囲気にデュファイ自身が触れたことが、彼の音楽を温かみのある、耳に心地よい響きのするものにしたのでしょう。また、イギリスの音楽に影響を受けた3度や6度の和音の用法（「ド」に対する「ミ」や「ラ」の和音の使い方）も、音楽を温かみのあるものにしています。また、しばしばいくつかの楽章に分かれた曲の中でも、ひとつのパートに同じ旋律を使う「定旋《ていせん》律《りつ》」という技法も用いました（複数の楽章からできていますが、よく聴けばテノールパートはどの楽章も同じ旋律を歌っている、というようなイメージです）。

デュファイの作曲した曲は、『聖ヤコブのミサ曲』や『パドヴァの聖アントニウスのためのミサ曲』などの宗教曲が中心ですが、いわゆる「シャンソン」とよばれる世俗の人々向けの音楽も多く作曲しています。

デュファイの代表曲

『聖ヤコブのミサ曲』

デュファイは９曲のミサ曲を残しましたが、その中でも２番目にあたるものが、この『聖ヤコブのミサ曲』です。聖ヤコブはキリストの十二使徒の一人で、キリストの弟子の中でも中心的な人物でした。９世紀にその遺体がスペインで見つかったとされ、この曲はその日を記念して行われるミサのための音楽です。ルネサンスの影響を受けた、やさしく、温かい響きに満ちた美しい曲です。

ルネサンスの流れはフィレンツェからローマに、音楽の中心はフランドル地方に

◆レオナルド・ダ・ヴィンチやミケランジェロが活躍した盛期ルネサンス（15世紀末～16世紀初頭）

15世紀末から16世紀初頭にかけてのルネサンスは「盛期ルネサンス」と言われます。ルネサンスといえばまず思い浮かぶのが、『最後の晩餐《ばんさん》』や『モナ・リザ』で知られる**レオナルド・ダ・ヴィンチ**、『ダヴィデ像』や『最後の審判』で知られる**ミケランジェロ**、多くの聖母子像を残した**ラファエロ**の「三大巨匠」とよばれる芸術家ですが、彼らが活躍したのがこの時代です。

15世紀末、彼らの活動の中心となったのが、大富豪のメディチ家が市政を担っていたフィレンツェです。フィレンツェのメディチ家は、その財力でルネサンスの芸術家たちに活躍の場を提供しました。

16世紀に入ると、芸術の保護者はローマ教皇となり、ルネサンスの中心はローマに移りました。

◆ヨーロッパ全域にルネサンス音楽を広げたフランドル楽派

15世紀末から16世紀にかけて、音楽の世界では、フランドル（現在のベルギー周辺）出身の音楽家（フランド

ル楽派）がヨーロッパ各地で活躍しました。

ルネサンス初期の時代の項で、「ブルゴーニュ楽派」のことを紹介しましたが、ブルゴーニュの領主はフランドル地方の領主でもありました。ブルゴーニュ公が15世紀はじめにその本拠地をフランドル地方に移したことに加え、ブルゴーニュ地方がフランスの一部に組み込まれてしまったため、ブルゴーニュの宮廷や音楽の中心はフランドル地方に引き継がれていくことになったのです。

フランドル地方では聖歌隊の教育システムが整っており、すぐれた音楽家が生み出されました。そのため、フランドル楽派の作曲家たちはヨーロッパ各地の君主たちに目をつけられ、さまざまな国の宮廷に迎えられたことで、その活動地域はヨーロッパの全域にわたりました。

フランドル楽派の音楽はブルゴーニュ楽派を引き継ぎ、さらにそれを発展させたものです。合唱のパートが増加し、楽譜で表現できるようになった「時間軸のずれ」を最大限に活用して、より明確にメロディをずらした、「追いかけっこ」をするようなカノンの技法を用いた曲を多く作曲しました。フランドル楽派の代表的な人物には、ジョスカン・デ・プレがいます。

◆美しい「追いかけっこ」の曲を書いたジョスカン・デ・プレ（1450頃〜1521）

フランス北部出身の作曲家ジョスカン・デ・プレは、「ルネサンス最大の音楽家」と言われます。フランスのみならず、ミラノやローマでも活躍し、作曲の依頼が殺到した「売れっ子作曲家」でした。

ジョスカン・デ・プレは、さまざまなパートに分かれた合唱がずれながら同じメロディを模倣して歌う、通《つう》模倣《もほう》という技法を確立しました。

ジョスカン・デ・プレの曲を聴くと、同じ旋律がいろいろなパートに表れ、それが重なって、非常に美しい響きが生まれることがわかります（同じメロディをずれながら歌う、といえば『カエルの合唱』を思い出しますが、ジョスカン・デ・プレの音楽は「圧倒的に美しい『カエルの合唱』」のようなイメージをもつと、聴きやすいと思います）。

その完成度の高さは、美術におけるレオナルド・ダ・ヴィンチにもよく比較されるほどです。

ジョスカン・デ・プレの名声を後押ししたのは、楽譜の出版です。それまでは楽譜は手書きで書き写されていたので、大変高価なものでしたが、15世紀のドイツのグーテンベルクが改良し、実用化させた印刷技術が楽譜にも及び、楽譜も印刷されるようになったのです。

ジョスカン・デ・プレの曲は史上初の楽譜印刷業を営んだペトルッチの工房より出版され、ヨーロッパの広範囲に影響を及ぼしました。

ジョスカン・デ・プレの代表曲

『けがれなく、罪なく、貞節なり、マリア』

（1519頃）

ジョスカン・デ・プレの曲は数多くありますが、ここでは、モテットの『けがれなく、罪なく、貞節なり、マリア』を紹介したいと思います。モテットというのは、中世後期頃から盛んに作られた、複数のパートで歌われる歌詞付きの小曲を指します。この曲の冒頭は美しい追いかけっこになっており、「美しい『カエルの合唱』」という様子がわかると思います。

後期ルネサンス(16世紀中頃～17世紀)

ルネサンスが広範囲に広がり充実した響きの曲が作られた

さまざまな地域・分野に広がった後期ルネサンス

イタリアで始まったルネサンスの文化運動は、さまざまな分野や地域に拡大していきました。

前期、盛期ルネサンスの頃から、すでにルネサンスの影響は各地に広がっており、絵画ではネーデルラント(現在のオランダやベルギー)のファン・アイク兄弟やブリューゲル、文学ではイギリスの詩人チョーサーらが登場していますが、さらにこの16世紀中頃以降の「後期ルネサンス」の時代には、地域や分野を超えて、多くの芸術家、科学者、思想家たちが活躍しました。この時代の代表的な人物には、『ロメオとジュリエット』などの多くの戯曲《ぎきょく》(お芝居の台本)を書いた**シェークスピア**、小説『ドン・キホーテ』で知られるスペインの**セルバンテス**らがおり、音楽にもこれらの作品を題材としたものが多くあります。絵画ではスペインのエル・グレコが有名です。

また、自然科学の面では、イタリアで学んだポーランド人のコペルニクスが地動説を唱えました。そののち、イタリア人**ガリレオ・ガリレイ**は天文観測に基づいて地動説を支持したため、教会からの弾圧を受けたのは有名な話です。

シェークスピアを題材にした曲

ニコライ
歌劇『ウィンザーの陽気な女房たち』序曲
（1849）

ドイツの作曲家ニコライが、シェークスピアの戯曲『ウィンザーの陽気な女房たち』をもとに作曲したオペラで、金に困った太っちょ騎士のフォルスタッフが裕福な２人の女性にラブレターを送るドタバタ劇がその筋書きです。オペラそのものは上演機会があまり多いとは言えませんが、序曲はとても有名で、活気に満ちあふれた名曲として知られます。

シェークスピアを題材にした曲

チャイコフスキー
幻想序曲『ロメオとジュリエット』（1869～1870）

対立する２つの家の子同士が恋に落ち、意外な結末により悲恋に終わるというシェークスピアの『ロメオとジュリエット』は、多くの作品の題材となっています。チャイコフスキーの代表作のひとつである『ロメオとジュリエット』は、このストーリーをイメージして作曲された演奏会用の序曲です。対立する２つの家のいさかいの場面では、剣を交えた決闘の様子が弦楽器の細かい動きと激しい管打楽器のリズムで描かれています。

イタリアで花開いた後期ルネサンスの音楽

ルネサンスの文化そのものはイタリアからヨーロッパ各地に広がりましたが、ルネサンス音楽はそれとは逆に、イタリアが後期ルネサンス音楽の中心地となっていきます。

この時代のイタリアでは、ルネサンス文学の発展が背景となり、マドリガーレとよばれるジャンルの音楽が流行しました。これは、もととなる文学的な詩の感情表現や抑揚《よくよう》に合わせてメロディが付けられるものです。この場合、音楽もさることながら、そのテキストとなる歌詞も重視されることになります。文学が発展したから歌詞も重視されるようになった、というわけです。

また、宗教音楽の世界でもより手の込んだ表現が目指されました。パートを細分化したり、手の込んだ模倣を行ったり、合唱を二手に分ける「二重合唱」の形にしたり、半音階や不協和音を使って意図的に不安定にしたり、劇的にしたりという工夫が見られるようになります。

こうした宗教音楽の発展は、カトリックの魅力の再アピールという面もありました。宗教改革によってプロテスタントが勢力を伸ばしてきたため、カトリック教会は魅力をアピールして対抗しようとしたのです。

豊かな響きで満たされる音楽を作曲したパレストリーナ（1525頃～1594）

イタリアの作曲家であるパレストリーナは、本名を「ジョバンニ・ピエルルイージ」といいますが、一般的に、出身地の地名であるパレストリーナの名でよばれています（ヴィンチ村の出身であるレオナルド・ダ・ヴィンチが「ダ・ヴィンチ」とよばれるようなものです）。

パレストリーナはより豊かな響きを求め、７パートや８パートにも分かれた合唱曲を作りました。そうすると常に誰かが歌っている状態になり、今までのルネサンスの代表的な作曲技法である、模倣による旋律の「追いかけっこ」の効果は薄れてきます（『カエルの合唱』でも、７パートや８パートもあると、ワンワンと声が続いて、何をやっているのかよくわからなくなってしまうのと同じ状態です）。

そこで、パレストリーナは、それまでとは逆に、音がずっと響いている状態を前提にして、その響きをどう変化させて音楽を作っていくか、ということを考えるようになったのです。これが、ハーモニーで音楽を進めていく作曲技法となり、のちの作曲家にも引き継がれていくことになります。豊かな響きに浸っていられるのが、パレストリーナの魅力です。

ローマの主要教会の楽長を歴任したパレストリーナは宗教曲を中心に作曲活動を行いましたが、民衆向けの世俗の曲も多く作曲し、１００曲近くのマドリガーレを残しています。

パレストリーナの代表曲

『教皇マルチェルスのミサ曲』

（1567）

パレストリーナの代表曲には『教皇マルチェルスのミサ曲』があります。この曲を聴くと、常に音が重なり合っており、旋律の「追いかけっこ」から、「和音の進行」へと音楽の軸足が移ったことがわかると思います。この曲の題名のもとになっているロ　マ教皇マルチェルス２世は、16世紀半ばの1555年に教皇に選出された人物ですが、わずか22日の在位で亡くなってしまったという記録があります。

大航海時代

コロンブスやマゼランが活躍し世界の一体化が進んだ時代

◆ルネサンスと並ぶ大きな変化

ルネサンスと並ぶ、世の中の大きな変化には、**大航海時代**や**宗教改革**が挙げられます。

大航海時代とは、15世紀から16世紀にかけて、ヨーロッパ諸国がアジアや新大陸へ向かう航路を盛んに開いた時代のことを指します。

大航海時代は、香辛料や絹織物などアジアの富を求めたヨーロッパの人々の、アジアと直接航路を結びたいという欲求（アジアとヨーロッパの間には巨大なオスマン帝国が存在し、アジアへの通り道がふさがれた格好になっていたからです）や、キリスト教を海外に広めようという宗教的な意欲、そして羅針盤や航海技術の発達などが背景になっています。

それ以前にも、イスラーム商人や中国の明《みん》王朝などが東西をつなぐ航海を行っていましたが、この大航海時代により、さらに世界の一体化が進んだことになります。

大航海時代の中心になったのは、**ポルトガル**と**スペイン**です。この両国は大西洋に面し、イベリア半島でイスラーム教徒と長年戦ってきており、宗教的な情熱も高いものがありました。そこで、航海者を各地に送り込んで貿易の航路を開くとともに、宣教師も派遣し、各地に布教を行おうとしたのです。

◆ポルトガル・スペインの海外進出

大航海時代の先陣を切ったのが**ポルトガル**です。ポルトガルは、アフリカを南から回り込む航路でインドを目指しました。15世紀前半に「航海王子」のニックネームを持つエンリケがアフリカ西岸に探検隊を派遣し、1488年にバルトロメウ・ディアスがアフリカ南端の喜望峰に、1498年に**ヴァスコ・ダ・ガマ**がインド西岸のカリカットに到達します。

一方、**スペイン**はイタリア人の**コロンブス**を支援し、西回りの航路開拓を進めさせました。1492年にコロンブスは西インド諸島のサンサルバドル島に到達し、大西洋の西に陸地があることを明らかにしました（のちにそれは「新大陸」と確認されました）。そして、1519年、スペイン王カルロス1世の命を受けた**マゼラン**一行が（マゼランは途中、フィリピンで亡くなりますが）世界一周を達成します。

大航海時代によってアジアや新大陸とヨーロッパが結び付いたことで、世界の一体化が進むことになります。新大陸やアジアから香辛料や陶磁器、絹織物、そして大量の銀がもたらされ、世界の経済のあり方は大きく変化しました。

こうした富はヨーロッパの国々の強大な王権を支えるもとになり、のちには、資本主義社会と文化を支える豊かな市民層を形成するもとになります。一方で、ヨーロッパ諸国の海外進出先となった新大陸やアジアなどの地域では、ヨーロッパ諸国による植民地化が始まることになります。

宗教改革

カトリックに対する批判がさまざまなプロテスタントの教派を生んだ

◆ルネサンスや大航海時代に並ぶ大きな動き

ルネサンスや大航海時代など、文化・経済の変化と時を同じくし、キリスト教の世界ではプロテスタントという新たな宗派（教派）が生み出される動きが起こっていました。

それが、**宗教改革**と言われる教会改革の運動です。カトリック教会は中世において絶大な信仰を集めていましたが、その半面、富や権力が集中して聖職者の堕落や聖職の地位の売買などの腐敗も進行していました。こうした腐敗を批判した人々が、新しいキリスト教を生み出そうとした動きが宗教改革です。

◆宗教改革はドイツで始まった

宗教改革の始まりはドイツでした。15世紀半ばから16世紀初頭にかけてローマ教皇であった**レオ10世**は、ローマのサン＝ピエトロ大聖堂の改築をする資金を集めるため、「これを買えば罪を犯した人物でも魂が救済される」という**贖宥状（免罪符）**を販売しました。この贖宥状の重点販売地域になったのが、ドイツ（神聖ローマ帝国）です。諸侯の寄せ集め状態であったドイツは政治的に不統一だったため、ローマ教皇の息のかかった諸侯も多く、カトリック教会の贖宥状の重要な販売先となっていたのです。

こうしたカトリック教会のあり方を批判したのが、ドイツのヴィッテンベルクという町にいたルターという人物です。1517年、ルターは『**九十五カ条の論題**』という文章を教会の扉に貼り出し、お金で救済を得るという贖宥状への疑問と、カトリック教会の腐敗と堕落に対して批判を展開し、信仰のよりどころは聖書のみであると説いたのです。

ローマ教会はルターの説を異端としてその撤回を要求しましたが、ルターは教皇からのその文書を公衆の前で焼却し、教会から破門宣告を受けます。神聖ローマ皇帝のカール5世もこの混乱に介入し、ルターにその説の撤回を求めますが応じません。結局、ルターの説の禁止と帝国からの追放が決まりました。

しかしながら、神聖ローマ帝国の諸侯の中にはルターの説に共感する者も多く、次第にルター派の勢力が大きくな

宗教改革を題材にした曲

メンデルスゾーン　交響曲第５番『宗教改革』
（1830）

メンデルスゾーンはルター派の信者であり、この曲はルター派教会成立300周年の記念として作曲されました。第４楽章ではルターが作曲したコラール『神はわがやぐら』の旋律が使われています。ラストの金管楽器による輝かしいコラールも魅力的です。作曲順では２曲目の交響曲ですが、メンデルスゾーンはこの曲のできが気に入らず、出版があとになってしまったという話が伝えられています。

っていきました。諸侯はルター派の信仰を認めるように帝国議会に「抗議文」を提出しました。

ここから、「抗議者」という意味を持つ「**プロテスタント**」の名称が生まれたのです。「諸侯の連合体」という要素が強い神聖ローマ帝国ですから、この状況を放置しておくと、ルター派の諸侯が帝国から次々に離脱し、帝国分裂が現実のものになってしまいます。皇帝はたまらず、1555年の「**アウクスブルクの和議《わぎ》**」によって、諸侯にプロテスタントの信仰を認めることになります。

スイスとイギリスの宗教改革

宗教改革の流れはスイスにも伝わり、**カルヴァン**という人物が中心になった宗教改革に影響を与えます。カルヴァンはルターの考えと同じく、聖書を最高の権威とし、神との関係で人がいかに生きるかを説きました。

また、宗教改革はイギリスにも広がりました。イギリスの宗教改革のきっかけは「離婚問題」でした。イングランド国王**ヘンリ8世**は妃に男の子が産まれないため、離婚を

宗教改革を題材にした曲

ヒンデミット　交響曲『画家マティス』
（1934）

この曲で描かれる「画家マティス」とは、マティアス・グリューネヴァルトとよばれる画家のこと。宗教改革に関連して起きたドイツ農民戦争に加わった人物です。曲の中では、随所に教会風のフレーズも登場します。この曲のもとになったオペラ『画家マティス』は、第二次世界大戦前のドイツで書かれたため、反体制的であるとの評価を受けることとなり、ヒトラーによって初演の上演が禁止されました。

望むようになりました。しかし、ローマ教皇に反対されたため、新しくイギリス国教会を成立させて自らその首長となり、ローマ教皇を首長とするカトリック教会から離脱したのです。ただ単に離婚したいというだけでなく、その背景には、国内をローマ教皇の影響から引き離し、イギリスを王の強いリーダーシップで統治したいというヘンリ8世の狙いもありました。

プロテスタントの讃美歌を発展させたプレトリウス（1571〜1621）

この宗教改革は、音楽にも影響しました。ドイツの宗教改革の中心になったルターは、それまで聖職者がラテン語で歌うものであった聖歌を一般の信者も歌うことが重要だと考え、理解しやすい旋律と民衆が使うドイツ語に再編した讃美歌を作曲しました。この讃美歌は「コラール」とよばれましたが、ルターの死後も数多くのコラールが生み出され、合唱曲やオルガン曲に発展しました。

ドイツの作曲家でオルガニストのプレトリウスは、宗教

プレトリウスの代表曲

『テルプシコーレ舞曲集』
（1612頃）

プレトリウスが、フランスを中心としたさまざまな舞曲を集め、曲を整えて曲集にしたのがこの『テルプシコーレ舞曲集』です。ルネサンス時代の楽器を使って演奏されることが多く、独特の味わい深い響きがします。フランスの都市や片田舎で人々が素朴に踊る様子が目に浮かぶようです。現在では、金管楽器を中心にした小さなアンサンブルに編曲される例も多く、吹奏楽の愛好者によく知られています。

改革のただ中のドイツで生まれ、プロテスタントの讃美歌を発展させた人物として知られます。

その作品のほとんどはルター派の教会のために書かれた宗教曲ですが、代表曲として知られるのは、人々の踊りのために書かれた「テルプシコーレ」とよばれる舞曲集です。

◆カトリックが反撃し、宗教戦争が起こった

プロテスタントが教会を批判して改革を訴える「宗教改革」を起こしたのに対し、その批判を受けたカトリック教会も防衛と反撃を行います。それが、「対抗宗教改革」という運動です。カトリックはその教えを再確認し、教会の内部改革を行う一方、宗教裁判を強化して異端を弾圧し、プロテスタントを強く批判しました。

特に、カトリック教会の「お膝元」であるローマやイタリアの諸都市では、プロテスタントが盛り上がれば盛り上がるほど、対抗するカトリック側の人々も宗教的な盛り上がりを見せ、カトリックの魅力をアピールするための大規模で豪華な教会が建てられることとなりました。

また、聖歌もカトリックの魅力をアピールする手段として用いられ、より聴きやすく、より美しい響きが追求されました。先述の、ローマを中心に活躍した**パレストリーナ**も、ルネサンスの影響に加え、この対抗宗教改革の影響を大きく受けています。

また、カトリックとプロテスタントの対立は実際の戦争を引き起こすことになります。1562年に始まるフランスの**ユグノー戦争**、1568年に始まる**オランダ独立戦争**、そして1618年に始まるドイツの**三十年戦争**が代表的な宗教戦争です。これらの戦争はさまざまな勢力を巻き込む激しいものとなりました。

絶対王政の時代の扉を開いたスペイン

主権者が国内を統一して支配する「主権国家」の誕生

ルネサンス、大航海時代、宗教改革などによって社会の構造が変化するとともに、世の中は次第に、**絶対王政**とよばれるような「王たちの時代」へと移行していきました。

それまでの中世は「封建制」と言われる、王と、家臣と、その家臣というような、主従関係の寄せ集めを「国」とよんでいましたが、ここから先の時代は次第に王のような主権者が官僚組織を使い、国内を統一して支配する「主権国家」という形をとりはじめます（現代の国家の多くも、「主権者」である国民が代表を選んで法を作り、その法が国内全体に及ぶという「主権国家」です。「主権国家」のうち、「主権者」が国王で、かつ絶対的な権力を持つ政治の形を「絶対王政」といいます）。

「太陽の沈まぬ帝国」スペインの繁栄と衰退

こうした「王たちの時代」に、いち早く世界の主導権を握ったのがスペインです。ハプスブルク家の一族がおさめるスペインでは、国王カルロス1世が神聖ローマ皇帝にも選出されて、スペインの王とドイツの皇帝を兼任しました。スペイン王を継承したその子のフェリペ2世は、ポルトガルの王も兼任してその海外植民地を併せ持ち、「**太陽の沈まぬ帝国**」とよばれる繁栄を迎えました。スペインが植民地とした新大陸からもたらされる膨大な銀は、カルロス1世やフェリペ2世の王権を支える富となりました。

しかし、この繁栄は長くは続きませんでした。スペインの衰退が始まるきっかけとなったのが、オランダの独立運動です。カトリック国のスペインが、プロテスタントが多いオランダの人々のプロテスタントの信仰を禁じたところ、オランダの民衆が独立運動に立ち上がったのです。オランダに対する重税の不満も相まって独立運動は激化し、20年もの抵抗の末にオランダは独立を勝ち取ることになります。

スペインは、オランダの独立に手を貸したイギリスにも自慢の無敵艦隊を差し向けますが、敗北を喫しました。長い戦争の末にスペインは疲弊し、衰退してしまいます。一方で、独立を達成したオランダは世界の貿易をリードし、17世紀前半の「栄光の17世紀」とよばれる時代を迎えます。

オランダ独立を題材にした曲

ベートーヴェン　劇付随音楽『エグモント』序曲
（1810）

ベートーヴェンの代表曲のひとつとして知られる『エグモント』は、「エグモント伯」とよばれたオランダの軍人の物語を題材に、ドイツの詩人ゲーテが戯曲を作り、その戯曲にベートーヴェンが音楽をつけたものです。この序曲はベートーヴェンの代表曲として非常に有名です。「エグモント伯」はスペインの家臣でありながら、オランダ支配に憤り、オランダ独立戦争を指導しましたが、スペインに逮捕され、処刑された人物です。

COLUMN

歴史に関係した吹奏楽の曲

管楽器と打楽器からなる演奏形態

私は、中学・高校では吹奏楽部に所属し、大学・社会人では主にオーケストラに所属して演奏活動を行ってきました。吹奏楽とオーケストラは一見、よく似ていますが、吹奏楽は主に管楽器と打楽器、オーケストラは弦楽器と管楽器と打楽器で構成される演奏形態です。本書を手に取っていただいた方の中には、オーケストラ曲を中心に聴いている方も、吹奏楽を中心に聴いている方もいらっしゃると思いますが、吹奏楽もオーケストラもどちらも経験した私にとっては、それぞれに魅力がある演奏形態ですので、両方聴かないともったいないと思っています。「そういえば、吹奏楽の曲をあまり聴いたことがないな」という方は、歴史を切り口にして、ここで紹介する曲から聴き始めるといいのではないでしょうか。

吹奏楽の歴史

吹奏楽の歴史は古く、古代のメソポタミアやエジプトの遺跡のレリーフや壁画に笛やラッパを吹く姿が描かれています。また、ローマ帝国の軍楽隊でも吹奏楽が用いられていました。弦楽器よりも大きな音が出る管楽器や打楽器は、軍隊との関連性が深く、行進のリズムをとったり、進退の合図に用いられました。時代が進み、強大な権力を持つ王たちのもとに国が統治された16世紀後半ぐらい（本書の第7章以降頃）から、各国の軍隊の規模が拡大し、そこにオスマン帝国の影響による打楽器の使用が広がると、吹奏楽はさらに発展していきます。

18世紀頃からは、大作曲家が管楽器の合奏による演奏会のための曲を作曲する例も増えてきました。モーツァルトのセレナード『グラン・パルティータ』はその代表です。19世紀前半には、メンデルスゾーンが規模の大きい吹奏楽編成のための序曲を作曲しています。このような演奏会での管楽器合奏と、先ほどの軍楽隊の伝統が融合し、19世紀中頃には、吹奏楽の形式が整い、現在のような形になりました。

現在、アメリカでは音楽教育の一環として吹奏楽が取り入れられる例が多く、日本でも、中学校や高校の部活動などで盛んに演奏され、吹奏楽コンクールでは例年、レベルの高い演奏が披露されています。

日本の作曲家による吹奏楽作品

吹奏楽は、オーケストラに色彩感をもたらす管楽器と打楽器が中心の演奏形態ですので、派手で聴き映えのする曲が多く作曲されているのが特徴です。特に、日本人作曲家が活発に作品を発表しています。

歴史に題材をとった作品を多く発表して、人気を博しているのが**樽屋雅徳**《たるやまさのり》です。フランスの七月革命に寄せたドラクロアの絵画をモチーフにした『民衆を導く自由の女神』や、世界周航の途中で亡くなったマゼランが、もし世界一周を達成し、その後も航海を続けたとしたら……という発想のもとで作曲された『マゼランの未知なる大陸への挑戦』などが代表曲として知られます。いずれも、自由を求めた民衆の戦いや、波を越えて進むマゼランの航海の様子が、巧みに描かれています。また、『マリアの七つの悲しみ』など、イエスの生涯や初期のキリスト教会にちなんだ（またはその様子を描いた絵画にちなんだ）曲も多く作曲しています。

日本人作曲家が作曲した、世界史に関連した曲としては、**広瀬勇人**《はやと》が作曲した『レパントの海戦』（オスマン帝国の海軍が、スペインを中心とするキリスト教国の連合軍に敗北した事件）や、**阿部勇一**《ゆういち》が作曲した交響組曲『ラメセスⅡ世』（積極的な遠征を行った古代エジプトの王）などの曲も知られています。

海外の作曲家による吹奏楽曲

海外の作曲家が作曲した、歴史をモチーフにした吹奏楽曲を挙げてみましょう。吹奏楽の歴史を作った偉大な人物に、19世紀末から20世紀初頭にかけて行進曲を多く作曲したアメリカの「マーチ王」**ジョン・フィリップ・スーザ**がいます。パリ万国博覧会のために作曲した『海を越える握手』や、第一次世界大戦に従軍したスーザが作曲した『アメリカ野砲隊』などの曲が歴史に関連しています。

アメリカの作曲家**ホルジンガー**の『春になって、王たちが戦いに出るにおよんで』は、『旧約聖書』に登場するダヴィデ王の遠征と凱旋《がいせん》を描いた曲です。スピード感と迫力にあふれた複雑で大規模な曲であり、人の声なども効果的に用いられています。

ベルギーの作曲家**ヤン・ヴァンデルロースト**の作曲した交響詩『スパルタクス』は、古代ローマの剣闘士奴隷で、大規模な反乱を起こした人物であるスパルタクスを描いた作品です。「ローマ三部作」を作曲したイタリアの作曲家レスピーギへのオマージュと譜面には書かれており、レスピーギを思わせるような色彩感にあふれた曲になっています。

チェコ生まれでアメリカに渡った作曲家**カレル・フサ**は、１９６８年のチェコの民主化運動である「プラハの春」をモチーフにした『プラハ１９６８年のための音楽』を作曲しています。チェコの作曲家、スメタナの『我が祖国』にも使われている聖歌を引用し、ソ連の強い影響下で自由を求めて立ち上がったチェコの市民の姿と、チェコの人々が神聖ローマ帝国からの独立を求めた「フス戦争」のイメージが重ね合わされて作曲されています。

第4章

バロック音楽の時代

（17世紀～18世紀前半）

王たちの豪華絢爛な宮廷生活とヴィヴァルディ、バッハの登場

◆歴史のあらすじ

豪華な宮殿に暮らす王たちが国を動かす強い力を持つ、「王たちの時代」真っ盛りがこの17世紀から18世紀前半の時代です。この時代の文化を「バロック」といいます。

豪華な宮殿に暮らす王、といえば、フランスの**ヴェルサイユ宮殿**を思い浮かべる人も多いと思います。このヴェルサイユ宮殿は「太陽王」とよばれ、権力の絶頂にあった**ルイ14世**が建てた宮殿です。このような王たちが「主権」を持ち、政策を決定して大規模な戦争を戦う、そのような時代が「王たちの時代」です。

王たちによる宮廷文化が花開く一方、この時代を民衆の目線で見ると、「**17世紀の危機**」とよばれる時代でもありました。ヨーロッパの気候が寒冷化し、ペストなどの疫病が流行する苦しい時代だったのです。

また、宗教改革の余波が依然、ヨーロッパを大きく揺るがしていました。各地でカトリック派とプロテスタント派の勢力が争う宗教戦争が頻発し、その中でも最大といってよい、ドイツの**三十年戦争**も起きています。三十年戦争は1618年から1648年まで続き、さまざまな外国勢力が介入した悲惨な戦乱となり、ドイツの荒廃を招きました。その一方で、対抗宗教改革を推進するカトリック側の中心地であるイタリアでは、カ

トリックの影響が強いバロック文化が花開きました。

音楽のあらすじ

豪華絢爛《けんらん》な王たちの生活や、イタリアの対抗宗教改革に影響を受けた文化が「**バロック**」です。「バロック」という言葉は「いびつな真珠」という意味で、絵画や建築において、時に「やりすぎ」なほど豪華で華麗な作品が生み出されたという意味合いを持ちます。バロック文化を代表する建築にはフランスのヴェルサイユ宮殿があり、絵画には、劇的な表現を得意としたオランダのレンブラントなどがいます。

一方で、「**バロック音楽**」といえば、「絵画や建築でバロック様式が流行していた時代の音楽」というような意味で、聴いてみると後世の曲よりもシンプルな曲も多く、必ずしも豪華で華麗という印象を受けるわけではありません。しかしながら、この時代にはヴァイオリンなどの楽器が発達し、旋律を飾る伴奏《ばんそう》の技法も多様化しましたので、音楽自体が「聴き映えのする」ものになったことは間違いありません。また、教会に加え、王たちの宮廷を舞台とする音楽の発展も見られました。

次第に楽器が音楽の主役に

この時代までの音楽は、人の声による声楽、特に聖歌が中心でした。今まで登場してきた作曲家の曲も、ほとんどが声楽曲です。それに加え、バロックの時代に入ると、楽器による演奏（器楽）が次第に発展し、ソナタやコンチェルト（協奏曲）、組曲などの独自の形式を生み出すようになりました。

この章の舞台
（バロック音楽の時代）

ソナタは、イタリア語の「ソナーレ（演奏する）」という言葉を語源としており、従来の「カンターレ（歌う）」という言葉と対照的に使われました。「カンタータ」が「声楽曲」、「ソナタ」が「器楽曲（楽器で演奏する曲）」というわけです。ソナタは原則として、速度や雰囲気の異なるいくつかの楽章を持ち、それを通して演奏することで「1曲」とします。たとえば、速いテンポの楽章、ゆっくりしたテンポの楽章、快活な楽章、しっとりと聴かせる楽章、のように聴いていくことで、楽章ごとの変化が楽しめるのです。のちに、ひとつの楽章の中でもいくつかの中心的な旋律を使い分けることが一般的になり、それが古典派以降、多くの交響曲や器楽曲で使われる「**ソナタ形式**」のもとになります。

バロック期のイタリア

イタリアで誕生し発展した総合芸術のオペラ

対抗宗教改革の中心であり続けたイタリア

この時代のイタリアは、プロテスタントに反撃する、**対抗宗教改革**を行うカトリック教会の中心地でした。

そのため、カトリックは豪華な教会を建設し、より劇的な宗教画や宗教劇を見せることによってカトリックの魅力を盛んにアピールしました。こうした対抗宗教改革との関連性の強さがイタリアのバロックの特徴であり、現在でも、ローマなどに行くと17世紀頃の豪華な教会建築や宗教画を見ることができます。

オペラの登場と発展

この時代、イタリアで新たな音楽のジャンルが生み出されました。それが、歌を中心に劇を進めていくという、総合芸術である**オペラ**です。

イタリアでは、ルネサンスの時代にギリシアの悲劇などを扱う音楽劇が盛んに上演されていました。それに加えて、16世紀以降の対抗宗教改革の波の中で、宗教的な題材を扱う音楽劇の上演も増加したことから、２つの音楽劇の要素が混ざり合い、「劇の進行も歌によって進める」「聴かせどころでは歌手の独唱を十分に聴かせる」など、より歌唱の役割が強くなった、オペラという新しいジャンルが誕生したのです。この時代の作曲家の代表には、北イタリアのマントヴァやヴェネツィアで活躍したモンテヴェルディ、ナポリで活躍したスカルラッティらがいます。

◆イタリアにオペラを根付かせた モンテヴェルディ（1567〜1643）

ルネサンス音楽からバロック音楽への過渡期に位置付けられるモンテヴェルディは、イタリアを舞台に、当時生み出されつつあったオペラという新しいジャンルを根付かせた人物として知られます。

モンテヴェルディが作曲活動を行っていたヴェネツィアでは、オペラが民衆の一般的な楽しみとして公開されたため、多くのオペラ劇場が建設されました。モンテヴェルディの活動期間は長く、35年にわたってオペラを書き続け、民衆向けの音楽も数多く生み出しました。

モンテヴェルディの代表曲

歌劇『オルフェオ』（1607）

モンテヴェルディの代表作である『オルフェオ』は、オペラの最初期にあたる作品ながらその完成度の高さで知られており、上演機会が多い作品です。劇の流れと音楽が融合しており、登場人物ごとに伴奏楽器を使い分けたり、場面に合わせて転調したりするなど、心理描写と音楽が融合していることが特徴です。独唱や合唱、器楽だけなど、さまざまなスタイルの音楽が登場し、聴く者を飽きさせない工夫も随所にあります。

オペラの仕組みを整えたアレッサンドロ・スカルラッティ（1660〜1725）

南イタリアに生まれたスカルラッティは、オペラの基本構造を整えた人物として知られます。そのキャリアの中心はナポリの宮廷楽長としてのものでした。南イタリアのナポリは17世紀の末から18世紀の初頭、ヨーロッパのオペラの中心地で、多くのオペラが生み出されました。その中で、スカルラッティは劇を進行するための「レチタティーヴォ」という歌唱と、独唱者が心情を歌う「アリア」を交互に組み合わせる形を確立させたのです。

劇を進行させていきながら、ときおり独唱者が主人公の心情を歌い上げ「聴かせどころ」を作る仕組みによって、オペラはさらに人気を博するようになりました。

子のドメニコ・スカルラッティも、鍵盤楽器の名手で、多くの練習曲や、『スターバト・マーテル』という宗教曲を残したことで知られます。

スカルラッティの代表曲

歌劇『愛のまこと』より
「陽はすでにガンジス川から」（1680）

スカルラッティの代表作であるオペラ『愛のまこと』の中のアリア「陽はすでにガンジス川から」は、声楽を学ぶ者なら一度は歌うと言われる曲で、スケールの大きな歌詞を朗々と歌う、名曲として知られます。「ガンジス川」というのは、当時のイタリアでは、太陽が昇る場所は「東方」にあたるガンジス川である、という言い伝えがあったことからきています。

ヴァイオリン曲を発展させた「赤毛の司祭」ヴィヴァルディ（1678～1741）

ヴェネツィア生まれの作曲家、**ヴィヴァルディ**は音楽とともに神学もおさめ、ヴァイオリニストであるとともに教会の司祭もつとめたため、「赤毛の司祭」とよばれる作曲家です。ヴィヴァルディのようなヴァイオリニストが登場した背景としては、17世紀後半の北イタリアでアマティ、グァルネリ、ストラディヴァリといった名職人の一族が次々にヴァイオリンを製作し、楽器としての完成度を高めていったことが挙げられます。

ヴィヴァルディは膨大な数の曲を作曲しましたが、その中心にあったのが『四季』をはじめとする多くのヴァイオリン協奏曲です。ヴィヴァルディは、それまで「脇役」的な存在だったヴァイオリンを独奏楽器として使い、ヴァイオリンを一躍、主役の座に押し上げたのです。また、『四季』のように、両端楽章は速く、中間楽章は遅いというテンポ設定は、協奏曲の主要なパターンとして、以降、多くの協奏曲で用いられることとなります。

ヴィヴァルディの代表曲

ヴァイオリン協奏曲『四季』
（1725）

ヴィヴァルディが作曲した『和声と創意の試み』とよばれる12曲のヴァイオリン協奏曲のうち、第１番から第４番の『春』『夏』『秋』『冬』の４曲が『四季』として知られています。『春』の冒頭が言うまでもなく有名ですが、疾走感あふれる『夏』の第３楽章や『冬』の第１楽章は、「カッコいい」クラシック曲の代表格と言えるでしょう。４曲すべての楽章を一度は聴いていただきたいと思います。

バロック期のフランス

「太陽王」ルイ14世の宮廷で盛んに演奏された喜劇

◆絶対王政の最盛期となったブルボン朝

宗教改革の波はフランスにも押し寄せ、16世紀後半はカトリック派とプロテスタント派に貴族たちを二分して争われた**ユグノー戦争**がおきます。35年以上にわたる激しい戦乱のあと、それを収拾して王となったのがブルボン家のアンリ４世でした。

この、アンリ４世から始まるブルボン朝が、フランスの絶対王政の頂点を築くことになります。アンリ４世の子、ルイ13世は宰相リシュリューのもと王権の強化を図り、その子である「太陽王」とよばれたルイ14世は、絶対王政の最盛期を実現しました。ルイ14世は「朕《ちん》は国家なり」と唱えて強力な王権を持ち、国内の産業を育成し、貿易の振興を図りました。そして、蓄えた国家の富を惜しげもなくヴェルサイユ宮殿の造営と対外戦争にあてたのです。

特に、ルイ14世が晩年に起こした**スペイン継承戦争**は、ヨーロッパを巻き込んだ非常に大きな戦争になりました。スペイン王家が断絶したことを狙い、孫をスペイン王にねじ込もうとしたルイ14世に対し、スペイン王家の親戚筋にあたるオーストリアのハプスブルク家が反対を唱え、フランスと戦った戦争です。この戦争は、フランス王家とハプスブルク家のライバル関係を示す代表的な事件のひとつでした。

フランスのバレエの歴史を開いた
リュリ（1632～1687）

フランスにも、イタリアからオペラの流行がやってきましたが、フランスにおいてはどちらかといえば、音楽は「踊るもの」という伝統があり、イタリア風のオペラはフランスの王宮にはなじまないものでした。

そこで、イタリアからフランスに渡ったリュリは、人気を博していた喜劇作家のモリエールと組み、演劇と舞踊を組み合わせた、踊りの要素が強い「コメディ・バレ（バレエ）」というジャンルを確立しました。

リュリの死は、しばしば話題の種になるもので、コンサートで指揮をしていたリュリが、指揮棒として使っていた杖《つえ》を足に刺してしまい（当時は、杖を床についてリズムをとっていたのです）、その傷による感染症で亡くなったといわれています。

リュリの代表曲

コメディ・バレ『町人貴族』より「トルコ人の儀式のための行進曲」（1670）

リュリとモリエールのコンビの代表作であるコメディ・バレの『町人貴族』は、金持ちの町人が貴族にあこがれてマネをするという喜劇で、リュリやモリエール自身も出演しました。初演はルイ14世の宮廷で行われました。曲の中にはトルコ人が登場する演出となっていますが、これは当時、フランスとオスマン帝国（トルコ）が外交関係を結んでいたことによるもので、曲の中にもトルコ風を示す打楽器が使われています。

イギリスの絶対王政と革命

絶対王政から共和政、名誉革命へとイギリス激動の時代

◆イギリスに君臨した「処女王」エリザベス１世

イギリスにとって17世紀の幕開けは、女王**エリザベス１世**の最晩年にあたります。エリザベス１世の時代のイギリスは絶頂にあったスペインの無敵艦隊を破り、東インド会社を設立してスペインに代わる世界帝国の足掛かりを作った時代でした。羊毛産業を保護し、毛織物の輸出で富を蓄えたイギリスの国力は充実し、エリザベス１世は民衆からも「愛すべき女王ベス」と敬愛されました。

しかし、エリザベス１世は「処女王」というニックネームの通り、生涯夫を持たず、子を産むこともありませんでした。そのことにより、王家は断絶し、スコットランドから新しい王が迎えられます。

◆ステュアート朝と議会との対立で起きたピューリタン革命

スコットランドから迎えられた王によって１６０３年に始まった王朝を**ステュアート朝**といい、この時期のイギリスは激動の時代となります。絶対王政を掲げるステュアート朝の王と議会は対立することとなり、議会

の中で中心的な勢力であったピューリタン（カルヴァン派のプロテスタント）を中心に**ピューリタン革命**が勃発《ぼっぱつ》します。ステュアート朝の2代目の王、チャールズ1世は民衆の前で公開処刑されました。

1649年からの11年間、イギリスは長年の歴史の中で「王がいない」という唯一の共和政の時期を迎えます。この時期にはピューリタン革命を主導した**クロムウェル**が「護国卿《ごこくきょう》」という役職に就き、イギリス政治を主導していました。

この共和政のときに、イギリスはアイルランドを征服してイギリス領とし、商売敵のオランダにイギリス＝オランダ戦争をしかけてオランダを破り、世界の貿易市場をリードしました。しかし、クロムウェルの晩年は独裁の傾向が強まり、イギリスの民衆は王政の復活を求めるようになりました。

◆議会が国の中心になった名誉革命

クロムウェルの死後、跡を継いだ息子は民衆の支持を得られず、国内の統治に失敗してしまいました。そこで、処刑されたチャールズ1世の子、チャールズ2世が王に迎えられ、再びイギリスに王の時代が戻ってくるのです。これを「**王政復古**」といいます。

しかしながら今度は、チャールズ2世やジェームズ2世といった王政復古の王たちも議会と対立してしまいます。「王が議会をないがしろにして独裁を行い、その王を倒しても独裁が始まり、王を再度迎えても議会はないがしろにされる」という経緯が続いたことから、イギリスの議会は「海外から王を招き、議会を尊重するという条件で王位に就いてもらえば、独裁が防げるのでは」と考えました。議会はイギリス王家との血縁があるオランダ総督の**ウィリアム3世**とその妻の**メアリ2世**に手紙を書き、王位の就任を要請したのです。

ウィリアム3世がオランダ軍を率いてイギリスに上陸すると、それまでの王であったジェームズ2世は亡命し、ウィリアム3世たちにイギリス王位を明け渡します。この革命はほぼ戦闘らしい戦闘もなく平和裏に終わったため、**名誉革命**とよばれます。

◆議会政治が確立したハノーヴァー朝

ウィリアム3世の死後、メアリ2世の妹のアンが王位に就きますが、その子は幼くして亡くなり、ステュアート朝の王家は断絶してしまいます。次の王は、ドイツのハノーヴァーというところの領主の家から、イギリス王家の血を引く**ジョージ1世**が迎えられました。この王はドイツ生まれ、ドイツ育ちですので、英語が話せなかったといいます。

その結果、政治を議会に委ねることになり、イギリスの議会政治はさらに確立することになりました（ここから始まるハノーヴァー朝は、のちにウィンザー朝と名を変え、現在のイギリス王家となります）。

ジョージ１世に関係が深い曲

ヘンデル　『水上の音楽』より「ア・ラ・ホーンパイプ」（1717）

ヘンデルの代表曲の『水上の音楽』は、イギリス王ジョージ１世の船遊びのために書かれた曲です。曲想もさまざまで、魅力にあふれる小曲集となっています。
この「ア・ラ・ホーンパイプ」はイギリスの舞曲を取り入れた快活な３拍子の舞曲で、この曲集の中でももっとも演奏機会が多い曲です。

三十年戦争によって荒廃し実質的に解体した神聖ローマ帝国

◆17世紀最大の戦争と言われた三十年戦争

オランダ独立戦争やフランスのユグノー戦争と同じように、ドイツ（神聖ローマ帝国）にもプロテスタントとカトリックの対立という宗教戦争の波がやってきます。1618年から1648年にかけてドイツで戦われた宗教戦争は「三十年戦争」とよばれ、17世紀最大の戦乱と言われます。

諸侯の寄せ集めである神聖ローマ帝国には、カトリックの諸侯とプロテスタントの諸侯が混在していました。カトリック側は戦争を有利にするために同じカトリックの国であるスペインの介入を求め、プロテスタント側は同じプロテスタントの国であるデンマークやスウェーデン、そして本来、カトリックの国であるフランスの力も借りることになり、三十年戦争はヨーロッパ全体を巻き込む大戦争となりました。

◆神聖ローマ帝国は「形だけの存在」に

三十年戦争では、兵士による略奪もひどく、不作からくる飢えや疫病も発生し、この戦争の結果、ドイツは人口が3分の1になったとも言われるほど荒廃しました。

三十年戦争のあと、**ウエストファリア条約**という条約でようやく停戦が決まりましたが、いったんこのように帝国を二分するような大戦争が起きてしまうと、その後の帝国としての一体感は失われてしまいます。神聖ローマ皇帝は存在していながらも、ドイツの諸侯はそれぞれ独立国のようにふるまうようになり、帝国は実質的に解体したも同然になります。

三十年戦争のあとのドイツは**プロイセン**と**オーストリア**という2国が力をつけ、ドイツは「プロイセン、オーストリア」の2大国と、「その他の中小のさまざまな勢力」が存在するという様相となりました。

◆バロック音楽を集大成したヨハン・セバスティアン・バッハ（1685〜1750）

音楽の教科書では「バロック音楽」の代表とされる**バッハ**ですが、実はバロック音楽の作曲家の中では最末期にあたり、バロック時代の音楽を集大成した人物として認識されます。バッハはオペラを除く多くのジャンルの音楽を作曲し、特にオルガン曲や宗教曲にすぐれた作品を残しました。

バッハの生活はあまり豊かとは言えず、そのうえ子だくさんであったので、ヴァイマル、ケーテン、ライプツィヒ、ミュールハウゼン、ザクセンなどの宮廷音楽家や教会音楽家をつとめ、よい待遇を求めて転職を繰り返しました。三十年戦争後のドイツは神聖ローマ帝国の枠組みが崩れ、一つひとつの小国家が事実上の独立をしていたため、それぞれの小国家に「宮廷」があり、それぞれの小国家に「宮廷音楽家」や「教会音楽家」として就職するチャンスが多くあったことになります。しかし、小国だらけですので総じて給料は安く、バッハはよりよい待遇を求めて転々としていた、というわけです。

バッハの代表曲

オルガン曲『トッカータとフーガ』
（1706頃）

バッハが作曲したオルガン曲のうち、もっとも有名で人気のある曲と言えるでしょう。衝撃的な冒頭で曲が始まりますが、この前半部分が「トッカータ」で、あとに続く細かい音が「追いかけっこ」する部分が「フーガ」です。この曲は聴きやすく、パイプオルガンの曲を聴き始める入門編として最適な曲です。パイプオルガンは、どの教会の楽器を使い、どのパイプを選択するのか、奏者によっても音色が大きく変わるという興味深さもあります。

バッハの代表曲

『ブランデンブルク協奏曲第５番』
（1721）

バッハがブランデンブルク（現在のベルリンの北のほうにあたるエリアです）の領主のために作曲した合奏協奏曲集です。６曲からなる協奏曲集なのですが、その作曲順は順番通りではなく、最後に作曲されたこの第５番がもっとも有名です。第５番では、それまで伴奏楽器として位置付けられていたチェンバロが独奏楽器として前面に登場します。冒頭はよく「優雅なシーン」のBGMとしてテレビなどでも使われています。

ドイツからイギリスへ活動の軸足を移したヘンデル（1685～1759）

バロック時代の代表的作曲家として、バッハと並び称されるヘンデルは、バッハと同じ年齢と推定されています。

ドイツに生まれたヘンデルは幼少期から音楽の才能を発揮し、8歳から作曲を学びました。18歳のとき、北ドイツのハンブルクでヴァイオリニストとして仕事をしますが、20代前半にはイタリアに渡ってスカルラッティらにオペラの作曲を学び、ドイツに戻って25歳でハノーヴァーの宮廷楽長の職を得ます。

ヘンデルはハノーヴァーの宮廷楽長をつとめるかたわら、休暇をとってイギリスに渡り、そこでオペラを作曲し好評を博します。ヘンデルはこの好評を受けてイギリスを本拠とすることを決め、オペラを中心に作曲活動を行いました。

奇《く》しくも数年ののち、主君との再会を果たします。イギリスに渡る前の主君であったハノーヴァーの君主がイギリス王家の血を引いていたため、イギリスに招かれて国王に即位し、イギリス王ジョージ1世になったのです。

ドイツから招かれ、「英語を話せなかった」という逸話があるほどのアウェー感があるイギリス王ジョージ1世にとっては、ドイツ時代からの知り合いであったヘンデルは心強い存在だったことでしょう。ヘンデルとジョージ1世の関係は良好で、ヘンデルはこの王のために『水上の音楽』や『王宮の花火の音楽』を残しています。50代後半頃から作曲の軸足をオペラから宗教音楽に移し、「ハレルヤ」で有名な『メサイア』などのオラトリオを残しました。

ヘンデルの代表曲

オンブラ・マイ・フ

（1738）

もとはヘンデルが作曲した『セルセ』というオペラの冒頭にある、ペルシア王が歌うアリアとして作曲されました。愛着あるプラタナスの木陰を思って歌った、非常に美しい旋律ですが、この旋律そのものは他の作曲家のオペラ『セルセ』のアリアを借用し、発展させたものです。現在では「ヘンデルのラルゴ」として知られ、日本でも1980年代にウイスキーのCMに使われて大流行しました。

ヘンデルの代表曲

『王宮の花火の音楽』より「歓喜」

（1749）

『王宮の花火の音楽』は、ヘンデルの生涯の中でも晩年にさしかかった時期に作曲された曲です。この頃、イギリスはプロイセンとオーストリアの間に起きたオーストリア継承戦争と言われる戦争に、オーストリア側で参戦していました。戦争はイギリスにとっては不調に終わったのですが、この戦争が終結したことを記念した祝典のために、ヘンデルが作曲した華やかな曲がこの『王宮の花火の音楽』です。

ロシアの台頭と拡大

「大帝」ピョートル１世によってヨーロッパの大国の一角となったロシア

モスクワ大公国からロマノフ朝へ

中世末期のロシアは13世紀半ばから１００年以上もモンゴルの支配下にありましたが、おおむね西ヨーロッパがルネサンスを迎えていた15世紀、**モスクワ大公国**がモンゴルから自立しました。この国家のイヴァン３世や「雷帝」とよばれた**イヴァン４世**は「ツァーリ（皇帝）」の称号を名乗り、絶対王政の基礎を作りました。しかしながら、モスクワ大公国の家系は断絶してしまい、16世紀末の混乱期を経て**ロマノフ朝**が成立します。このロマノフ朝の時代が、20世紀初頭まで続くいわゆる「帝政ロシア」の時代になります。

１６８２年に即位した、ロマノフ朝の第５代皇帝**ピョートル１世**は「大帝」とよばれ、ロシアの強国化につとめた皇帝として知られています。ピョートル１世は「ロシアをヨーロッパの強国と並ぶ国にするには近代化が必要」と唱え、商工業が発展していたオランダやイギリスに大使節団を派遣し、その技術を吸収させました。この近代化の結果、ロシアは北方戦争によってスウェーデンを破り、バルト海沿岸に新都**ペテルブルク**を建設し、ヨーロッパの大国の一角に食い込むことになりました。ロシアはキリスト教の中でもロシア正教が根強く、他の国が経験したような激しい宗教戦争が起きなかったことも特徴です。

COLUMN

音楽のさまざまな「かたち」を表現する言葉

音楽を聴く「ガイド」となる音楽用語

この、第4章の時代の頃から音楽のジャンルが多様化します。ここでは、さまざまな音楽の「かたち」を示す言葉を紹介したいと思います。これらの言葉を知っておくと、タイトルを見ただけでも、曲の雰囲気や構造を想像することができるようになります。

主に演奏の形態や、形式を示す言葉

クラシック音楽でよく聴かれるオーケストラの曲は「管弦楽曲」とよばれます。弦楽器と管楽器、そして打楽器による編成を持ちます。管弦楽曲の中でも、いくつかの楽章を持ち、それらの楽章を通して聴いて「1曲」となるような規模の大きな管弦楽作品（ソナタ形式を持つ場合が多いです）を「交響曲」といいます。その他にも、オペラやバレエなどのオープニングにあたる曲を取り出して演奏する「序曲」や、序曲に似て劇の幕前に置かれたり、何かの前置きに演奏される「前奏曲」などがありよす。また、さまざまな曲をひとまとまりにした「組曲」などもあります。

弦楽器や管楽器、打楽器などの独奏者を持ち、オーケストラが伴奏になるような曲を「協奏曲」といいます。「ピアノ協奏曲」や「ヴァイオリン協奏曲」など、独奏楽器を示すタイトルになることが大半です。独奏者がずっと主役でオーケストラが伴奏にまわることが多い曲もあれば、独奏者とオーケストラが文字通り「協力」するように、オーケストラにも「聴かせどころ」がある曲も多いです。

「室内楽曲」は、小編成のオーケストラや、数人の演奏者で演奏される曲で、おおむね、25人未満の演奏形態を指すことが多いです。室内楽曲の中でもよく聴かれるものに、2台のヴァイオリン、ヴィオラ、チェロによる「弦楽四重奏曲」があります。たとえば、この形態に弦楽器が1台足されれば「弦楽五重奏曲」になりますし、管楽器が1本足されれば「クラリネット五重奏曲」のようになります(弦楽器3台とフルート1本の曲は「フルート四重奏曲」のように表現されます)。

オーケストラと合唱による曲も多くありますが、宗教的な内容を持つオーケストラ付きの大規模な曲を「オラトリオ」といいます。

歌劇とバレエ

音楽付きの舞台芸術として、主に「歌劇(オペラ)」と「バレエ」があります。「歌劇」はセリフや状況を示す言葉など、ストーリーを独唱や合唱などの歌唱で進める音楽劇です。「バレエ」は歌唱を伴わず、オーケストラの曲に合わせた踊りによってストーリーを進行させる舞踊劇です。いずれも、序曲のみが抜き出されて演奏されたり、いくつかの聴きどころを抜き出して組曲とされたりする場合があります。

主に曲の構造を示す言葉

「ソナタ」は、主に独奏楽器のための、いくつかの楽章を持つ曲を指します。「ヴァイオリンソナタ」「ピアノソナタ」というように、独奏楽器に「ソナタ」の言葉をつけて使います。「ソナタ形式」は、曲の中で「主題」と言われるいくつかのメロディを用い、それを発展させていきながら音楽を作る形式で、もっとも多いソナタ形式の形は、2つの主要なメロディと提示部・展開部・再現部のセクションを持つ、2主題3

部構造をもつものです。ソナタや交響曲の第1楽章では、ソナタ形式が使われることが多いです。

「変奏曲《へんそう》」はひとつの主題をさまざまに変化させる曲です。飾りのついた音になったり、リズムが変わったりと、「次はどんな変化があるかな」と楽しくなる曲です。モーツァルトの『きらきら星変奏曲』などが代表的です。

「ワルツ」は「円舞曲《えんぶ》」とも言われる曲です。多くは「ズン・チャッ・チャッ」のリズムを持つ3拍子の曲です。

「ロンド」は「輪舞曲《りんぶ》」とも言われ、ひとつのメロディが、間に別のメロディを挟みながら、何度も演奏される形式です。「A」が主となるメロディとすると、A・B・A・C・A・B・AのようにBやCなどの他のメロディを挟みながら、Aが「再びめぐってくる」ように演奏されます。「カノン」と「フーガ」は「追いかけっこ」をする曲ですが、カノンはひとつの旋律を別々のパートが「忠実に」追いかけっこをする曲です(『かえるの合唱』を想像するといいでしょう)。フーガも「追いかけっこ」をしますが、主要なメロディに対して模倣しながらも「応答」をするように変化させて、音楽的に展開する曲です。「練習曲」は「エチュード」ともよばれます。文字通り練習のための曲ですが、高度な技を要求される芸術性の高いものもあります。

主に曲の雰囲気を示す言葉

「夜想曲」は、「ノクターン」とよばれます。一般的には夜の雰囲気を表現する、ロマンチックな曲が多いです。似たような言葉に「セレナーデ」があります。これは「小夜曲《しょうや》」とも言われ、こちらも夜の雰囲気を表現したり、ちょっとした恋の思いを表現するような曲が多くあります。「狂詩曲《きょうし》」は「ラプソディ」と言われ、自由な形式を持つ曲です。「ハンガリー狂詩曲」「スペイン狂詩曲」のように民族音楽などを素材として引用し、変化を加える手法がよく用いられます。

第5章

古典派音楽の時代①

（18世紀中期〜後期）

古典派音楽の時代①

多くの市民を魅了した新しいジャンルの始まり

◆歴史のあらすじ

この時代のヨーロッパを見てみると、三十年戦争後のドイツではオーストリアとプロイセンが台頭し、ドイツの二大強国という格好になっています。

神聖ローマ皇帝を長年にわたって輩出してきた**オーストリア**は、三十年戦争によって皇帝としての影響力は衰えましたが、中央ヨーロッパの支配を固め、中央ヨーロッパの「古豪」としての存在感は大きなものがありました。「女帝」とよばれたマリア・テレジアの支配のもと、ウィーンは音楽の都として発展しました。

一方で、三十年戦争後にドイツ北東部に成立した**プロイセン王国**は、新興勢力として軍国主義化を進め、強大化しました。中でも、「大王」とよばれたフリードリヒ2世はマリア・テレジアのライバルとしてオーストリアに対して2度の戦争を戦い、領土を大きくもぎ取ることに成功しました。

また、この時期にイギリスでは**産業革命**が始まっています。産業革命は音楽に対して直接の影響を与えたわけではありませんが、都市への人口集中と市民階級の増加を生み、音楽の大衆化という影響を与えました。

ロシアでは皇帝エカチェリーナ2世のもと、近代化政策と拡張政策がとられ、ポーランドやクリミア方面に進出しています。

この時代の文化で特徴的な動きは、**啓蒙思想**《けいもう》の広がりです。啓蒙思想とは王や教会といったそれまでの権威を批判し、学問を盛んに行い、理性の獲得によって人間生活をよくしようという考え方で、17世紀末頃から興り、18世紀に全盛になった思想運動です。この思想は従来の権威の影響を脱し、自由や平等を求めようという思想を民衆の中に生み出し、フランス革命などの市民革命の原動力のひとつになりました。

◆音楽のあらすじ

18世紀前半から19世紀初頭の音楽を「**古典派音楽**」の時代といいます。古典派、と聞くと古代の音楽のような印象を持ちますが、古典派音楽の時代は、日本では江戸時代の後半ぐらいであり、世界では「近世」から「近代」へ移行するあたりの時代の音楽を指します。

この「古典」という言葉は、この時代に確立した**ソナタ形式**（複数のテーマを使って音楽を発展させていく手法）や、**機能和声**（規則的な和音の推移によって音楽を展開する手法）が、それ以後の音楽の手本になっている、ということからきています。現代のポップスにも、メロディの展開の仕方や、コードの進め方にそれらの技法が脈々と受け継がれていますが、その基礎ができたのがこの古典派音楽の時代、というわけです。

この古典派音楽を代表する作曲家が、**ハイドン**、**モーツァルト**、**ベートーヴェン**の3人です。彼らはそれまでのオペラと宗教音楽が中心だった音楽のジャンルに、多くの市民に聴かせるための**交響曲**と**弦楽四重奏曲**という新たなジャンルを取り入れ、大きく発展させました。この章では、オーストリアを中心に活躍し、多くの交響曲や弦楽四重奏曲を作曲したハイドンとモーツァルトの2人を紹介したいと思います。

◆交響曲と弦楽四重奏曲の発展

交響曲はシンフォニアとよばれたオペラの序曲を起源としています。もともと、オペラの序曲は「本編ありき」だったのですが、聴かせどころの多い「シンフォニア」を、オーケストラが単独で演奏することも人気を博すようになりました。次第にシンフォニアはオペラから独立し、演奏時間も長くなり、多くの楽章を持つ「交響曲」という形式になっていきました。

こうした交響曲を確立させた人物として知られるのが「交響曲の父」とよばれる**ハイドン**です。ハイドンはシンフォニアを受け継いだ3楽章形式の交響曲を作曲し始め、次第に3拍子の**メヌエット**の楽章を含めた4楽章形式をとるようになりました。第6章で紹介する**ベートーヴェン**は、メヌエットに代わりより急速な**スケルツォ**の楽章を置いたり、打楽器や合唱を加えたりしてその表現の幅を広げます。ベートーヴェンによる9曲の交響曲は、音楽史に輝く名曲揃いとなったため、これ以降、交響曲はそれぞれの作曲家が作る渾身《こんしん》の作品というような意味合いが強まります。

また、古典派の時代からロマン派の時代に発展した室内楽の重要なジャンルが**弦楽四重奏**です。ヴァイオリンが2台、ヴィオラとチェロが1台ずつという編成は、ちょうどオーケストラの弦楽器パートを縮小したような形で、高音から低音までカバーする、もっとも調和した、表現力に富む四重奏の組み合わせと言われます。

オーケストラ曲になるとさまざまな管楽器や打楽器が自由に使えますので、その使い方で聴き映えが大きく変わりますが、弦楽四重奏はどの作曲家も弦楽器4台という共通ルールで作曲しますので、決められたルールのもとで、作曲家がどのような音楽を作るかという「規定演技」を聴いているような楽しみがあります。

この章の舞台
（古典派音楽の時代）

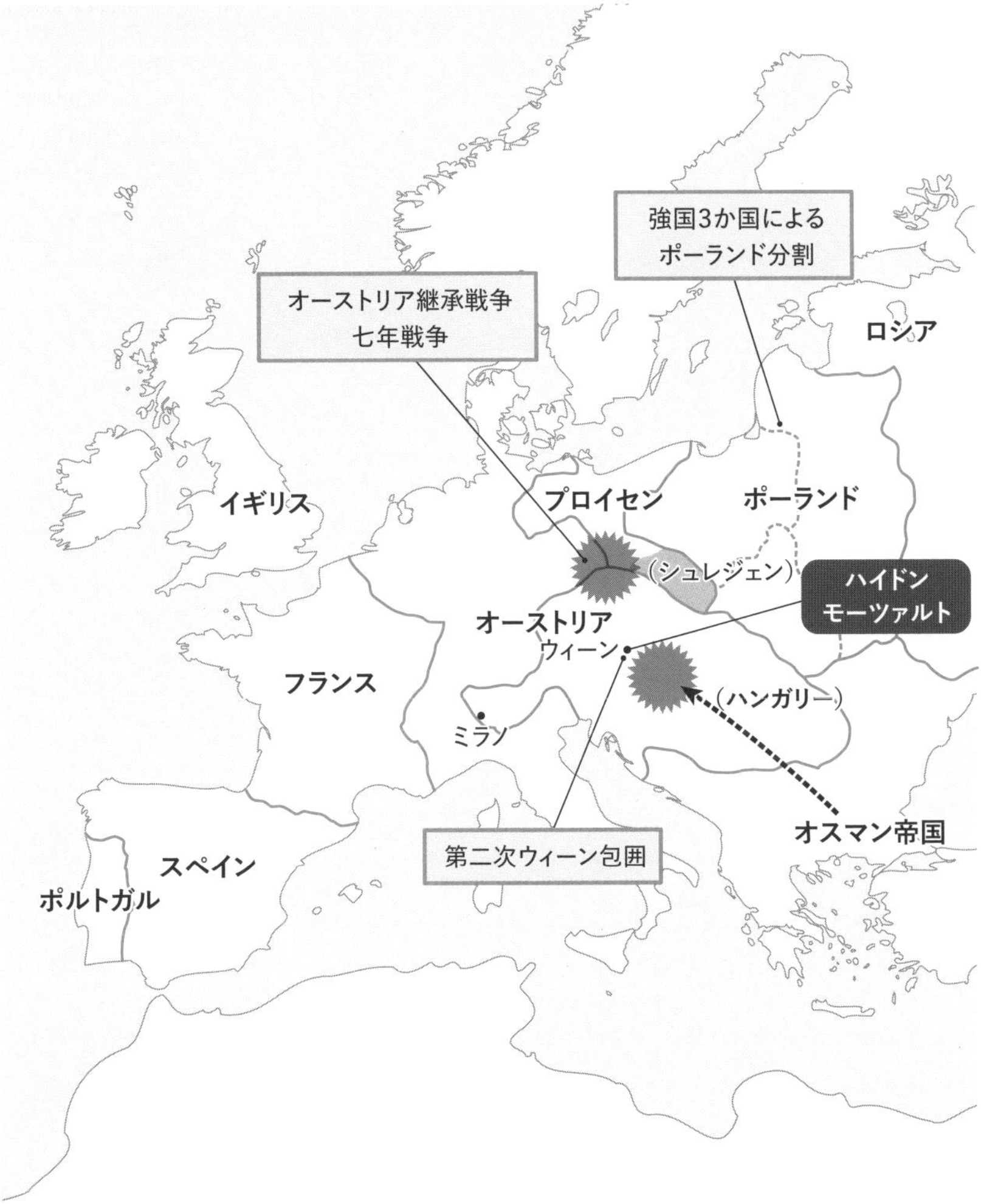

「音楽の都」ウィーンで発展した音楽文化

◆「中央ヨーロッパの大国」に変貌したオーストリア

17世紀に起きた三十年戦争は、代々神聖ローマ帝国の皇帝としてドイツに対する統治権を発揮していたオーストリアのハプスブルク家にとっては大きなダメージとなりました。戦争の結果、領地を大きく失い、皇帝としてのドイツに対する実質的な統治権も失ってしまったのです。

このオーストリアの弱体化は、周辺諸国にとってはチャンスとなります。アジアからはオスマン帝国にウィーンを狙われ攻め込まれ、オーストリアにとっては親戚筋にあたる、スペインのハプスブルク家の断絶につけこんで、フランスからは孫をスペイン王にしようという画策もされてしまったのです。

これによって17世紀末に勃発した2つの戦争が、1683年から始まった**第2次ウィーン包囲**と、1701年から始まった**スペイン継承戦争**です。オーストリアにとっては相次ぐ敵を抱え、大ピンチだったのですが、オーストリアはこのピンチをチャンスに変えることに成功します。オーストリア史に名をとどめる名将プリンツ・オイゲンがオスマン帝国からハンガリーを獲得し、スペイン継承戦争では**ミラノ**を獲得するという大戦果をあげたのです。この一連の戦争によって、東や南に国土を広げたオーストリアは「ドイツの皇帝」という立場から「中央ヨーロッパの大国」として認識されるようになります。

オーストリアがミラノを獲得した、とお話ししましたが、「ミラノ」といえば、北イタリアを代表する都市です。ということは、裏をかえせばイタリアにとっては北部の主要都市をオーストリアに「支配された」ということになるのです。このあと、19世紀半ばまで、イタリアの北部はオーストリアに支配され続け、イタリアの人々にとってミラノはオーストリアの「支配の象徴」のような都市となります（イタリア中部や南部にはさまざまな勢力が並び立ち、イタリアは総じて不安定な状況でした）。

「音楽の都」ウィーンと打楽器の流行

オーストリアがピンチを迎え、そのピンチをしのいでいた時期のオーストリア大公たち（このあとに登場するマリア・テレジアの祖父や曾祖父にあたる人物たちです）は、音楽をはじめとする芸術に理解があり、自身も作曲家として数多くの曲を作曲するほどでした。そのため、ウィーンは多数の音楽家を育む「音楽の都」になります。とりわけ注目したいのは、オーストリアにとっては東隣にあたる**ハンガリー**の獲得です。オスマン帝国に勝利した結果、オーストリアはオスマン帝国領であったハンガリーを手に入れ、オーストリア大公はハンガリー王を兼任することになったのです。

オーストリアがオスマン帝国からハンガリーを手に入れたことにより、オーストリアにオスマン帝国の「トルコ風」の音楽文化が流れ込むことになりました。特に、オスマン帝国の軍楽隊が使用していた太鼓やシンバル、トライアングルなどの打楽器をウィーンの作曲家たちが自作にとり入れて使うようになり、これ以降、オーケストラの音色がグッと多彩になっていくのです。

「トルコ風」をモチーフにした曲

ハイドン　交響曲第100番『軍隊』

（1794）

『軍隊』の副題を持つハイドンの交響曲の第100番では、第２楽章と第４楽章に大太鼓、シンバル、トライアングルの「トルコ軍楽セット」とも言える打楽器群が使われています。初演のときにすでに、「軍隊交響曲」と宣伝され、爆発的な人気を博したと言われています。第２楽章では打楽器に加え、軍隊をあらわす信号ラッパの音が耳を楽しませてくれます。

「トルコ風」をモチーフにした曲

モーツァルト　ピアノソナタ第11番　第3楽章（トルコ行進曲付き）（1783頃）

一般的によく聴かれる「トルコ行進曲」には、モーツァルトのピアノソナタの第11番第３楽章の「トルコ行進曲」と、ベートーヴェンによる劇付随音楽の「トルコ行進曲」がありますが、ここではモーツァルトのピアノソナタ第11番を紹介したいと思います。３楽章からなるピアノソナタの３楽章目が「トルコ行進曲」とよばれます。左手の低音のリズムがトルコの軍楽隊の打楽器のリズムを示しているとされます。

「女帝」マリア・テレジアの時代

18世紀中頃、「中央ヨーロッパの大国」時代のオーストリアに君臨した代表的な人物が、「女帝」とよばれたオーストリア大公**マリア・テレジア**です。女性であるマリア・テレジアがオーストリアを相続したことに対して周辺諸国は反発し、オーストリア継承戦争や七年戦争が起きますが、こうした戦争をしのぎながら、マリア・テレジアは内政改革につとめ、国力の充実を図りました。

40年にもわたるマリア・テレジアの統治のもと、ウィーンでは音楽文化が発展しました。この中で登場した、古典派を代表する作曲家が**ハイドン**と**モーツァルト**です。

「交響曲の父」ハイドン（1732〜1809）

ハイドンは幼少期からウィーンのシュテファン大聖堂の聖歌隊員となり、ハプスブルク家の家臣であったモルツィン伯爵家やハンガリーのエステルハージ侯爵家に仕え、ロンドンやウィーンでも作曲活動を行いました。

ハイドンの生涯は18世紀後半から19世紀初頭と、まさに古典派音楽の全期間をカバーする長い活動期間を誇ります。生涯に作曲した交響曲は１００曲以上で、「交響曲の父」とよばれました。また、弦楽四重奏曲も70曲近くを数え、「弦楽四重奏曲の父」とも言われます。

長期にわたる活動の中では歴史上の人物との絡みも多く、ウィーンの女帝マリア・テレジアの名を冠した交響曲第48番『マリア・テレジア』、フランス王妃マリー・アントワネットが愛聴したと言われる交響曲第85番

ハイドンの代表曲

交響曲第45番『告別』

（1772）

ハイドンがこの『告別』という交響曲にほどこした「しかけ」は、最終楽章で演奏者が一人、また一人と退場し、最後にはヴァイオリン奏者２人だけが残るというものです。これは、故郷を離れてエステルハージ侯爵家に単身赴任をしていた楽団員の一時帰宅を願う気持ちを音楽にしたと言われており、侯爵はこの気持ちを汲み取り、楽団員に帰宅を認めたと言われています。

ハイドンの代表曲

交響曲第101番『時計』

（1794）

ハイドンのキャリアが終盤にさしかかった頃、ハイドンはイギリスに渡り、ロンドンの聴衆に向けた「ザロモン・セット」とよばれる６曲の交響曲を作曲しています。この中で１曲を紹介するとすると、交響曲第101番の『時計』を挙げたいと思います。この第２楽章は「時計」の名の通り、時計の振り子をイメージした規則的なリズムが特徴的です。第４楽章はすっきりとした切れ味が特徴的です。

『王妃』など、その時代背景をほうふつとさせる曲も多くあることが特徴です。また、ハイドンは音楽に「しかけ」を作ることも多く、舞台上から一人一人退場していく交響曲第45番『告別』、ヴァイオリンのチューニングをわざと間違って演奏させる交響曲第60番『うかつ者』、突然の大音響で聴衆を驚かせる交響曲第94番『驚愕《きょうがく》』など、聴衆を飽きさせない魅力を持つ曲を多く作っています。

◆多くのジャンルに名作を残したフリーランスの「神童《しんどう》」モーツァルト(1756〜1791)

モーツァルトは幼い頃から「神童」として知られ、6歳から25歳までヨーロッパ各地で父親と演奏旅行をしながら作曲を行い、父とともにザルツブルク大司教の宮廷音楽家としての地位を得ました。しかし、宮廷での仕事は長く続かず、新たな職を得るために、25歳からはウィーンに拠点を移しました。

大都市のウィーンに拠点を移したものの、宮廷や教会で仕事を得ることができず、モーツァルトはフリーランスでの仕事を余儀なくされます。モーツァルトは35歳までピアノの演奏で収入を得ながら作曲活動を行います。浪費癖があったことや、高給な仕事に恵まれなかったため、モーツァルトの生活は次第に苦しくなっていきますが、困窮の中で多くの作品を残しました。作品は全部で600曲以上にのぼり、オペラ、交響曲、協奏曲、独奏曲など、当時の音楽のジャンルのほぼすべてにおいて輝かしい作品群を残しています。

最晩年は就職先や作曲の仕事を求めて、ドレスデンやライプツィヒ、ポツダムやベルリンなどを回りますが、いずれも不調に終わり、困窮の中で未完の『レクイエム』を残して世を去りました。遺体は名もなき人々にまじって、墓標もない、共同墓地に埋葬されたといいます。映画『アマデウス』はそんな天才モーツァルトをめぐるさまざまな人間模様が描かれ、時代背景がよくわかります。

モーツァルトの代表曲

セレナーデ第13番『アイネ・クライネ・ナハトムジーク』(1787)

「セレナーデ」とは、「夜曲」や「小夜曲」という意味があり、交響曲ほど大規模ではない「ちょっとした合奏曲」のような意味を持ちます。モーツァルトのこの曲も、「クライネ」は小さな、「ナハトムジーク」は夜の曲(「ナイトミュージック」のことです)という意味で、「小さな夜の曲」という意味です。冒頭を聴くと、「ああ、この曲か」とすぐにわかるほど有名な曲です。

モーツァルトの代表曲

歌劇『魔笛』より夜の女王のアリア「復讐《ふくしゅう》の炎は地獄のように我が心に燃え」(1791)

『フィガロの結婚』や『ドン・ジョバンニ』など、モーツァルトは多くのオペラを作曲しましたが、この『魔笛』はモーツァルトが最後に完成させたオペラとなりました。中でも、「夜の女王のアリア」とよばれるこの曲は、超絶技巧を要する曲としてよく知られています。モーツァルトの作曲技法もさることながら、鳥肌がたつような超高音域にプロの声楽家のすごさ、人間の声の表現力の幅広さを感じます。

18世紀のプロイセン

のちにドイツを統一することになる新興国家プロイセン

◆「大王」に率いられた新興国家

ハプスブルク家のオーストリアを「古豪《ここう》」と表現するならば、ドイツ北部のプロイセン王国は、「新興国」と言えるでしょう。プロイセン自体は中世のドイツ騎士団や神聖ローマ帝国の有力諸侯をルーツに持つ歴史がありますが、「王国」としては三十年戦争後に成立した若い国家です。

18世紀前半に登場した「軍人王」とよばれたフリードリヒ・ヴィルヘルム1世は軍備を整えて倹約につとめ、いかにもドイツ人、というような質実剛健な国作りを行い、国力を増強しました。

その子が、「大王」として名高い**フリードリヒ2世**です。聡明で軍事的な才能にも恵まれ、学問も芸術も一流の人物でした。

フリードリヒ2世はフルートの演奏を得意とし、多くのフルート協奏曲を残した作曲家としても有名です。フリードリヒ2世が建てた宮殿、サン・スーシ宮殿には豪華な音楽室があり、音楽を愛好した名君の業績がしのばれます。

オーストリアとプロイセンの激突

「新興国」のプロイセンと「古豪」のオーストリアは、ライバル国家として、18世紀の半ばに2度激突することになります。

第1ラウンドは1740年に勃発した**オーストリア継承戦争**です。この戦争はオーストリアからの領土奪取をもくろんだプロイセンのフリードリヒ2世が、女性であるマリア・テレジアのオーストリア継承に異を唱え、継承を認めることと引き換えに領土の割譲を要求したことから始まりました。プロイセンはこれに勝利し、豊かなシュレジエン地方を獲得し、領土を大きく拡大したのです。

敗北したオーストリアは、マリア・テレジアの継承は認められたものの、豊かなシュレジエン地方を失ってしまいました。ここで、マリア・テレジアはヨーロッパ中をあっと言わせる同盟を組むのです。

それが、300年以上も対立を続けていた「宿敵」フランスとの同盟です。オーストリアのハプスブルク家とフランス王家は長年にわたる対立関係にありました。しかし、1756年、マリア・テレジアはプロイセンに対抗するため、大胆な外交関係の転換に踏み切ったのでした。

この外交関係の転換の結果、1770年にハプスブルク家からフランスのブルボン家に嫁ぐことになったのが、当時生まれたばかりの、マリア・テレジアの15番目の子であった**マリー・アントワネット**です。このマリー・アントワネットはフランス王ルイ16世の王妃となりますが、フランスの人々は長年対立をしていたオーストリアから来たマリー・アントワネットに対して反感の目を向け、のちのフランス革命では「民衆の敵」とされ、ギロチンにかけられることになります。

オーストリアのリベンジマッチ、七年戦争

オーストリアが外交政策を転換したことから、プロイセンとオーストリアの対立は再び深まります。こうして起きた第2ラウンドの戦争が、1756年から戦われた**七年戦争**です。

この戦争はイギリスとフランスをはじめとする多くの国が介入し、イギリスとフランスはこの戦争の裏でアメリカやインドの奪い合いも行っていたため、世界をまたにかけた大戦争となりました。

オーストリア継承戦争のリベンジに燃えるオーストリアは、一時は勝利をつかみかけますが、最終的にはプロイセンの勝利に終わり、領土の奪回はなりませんでした。

オーストリア継承戦争、そして七年戦争という2度の戦争に勝利したプロイセンは強国の地位を確保することになります。

一方、敗北したとはいえ大国の地位を保ったオーストリアはマリア・テレジアとその子ヨーゼフ2世が内政改革につとめました。

マリー・アントワネットに関係が深い曲

ハイドン　交響曲第85番『王妃』
(1785頃)

オーストリアからフランスに嫁いだ「王妃」マリー・アントワネットが気に入ったというエピソードがある曲です。本文中の説明のように、オーストリアとフランスは長年の戦争の歴史がありましたので、同盟関係を結んだといっても、フランスの人々がマリー・アントワネットに向けるまなざしは冷ややかなものがありました。アントワネットにとっては、故郷のオーストリアの響きは日々の癒しになったのではないかと思います。

産業のみならず市民社会にも影響を与えた機械の発達

◆「手工業」から「機械工業」の時代へ

この頃、イギリスでは工業の急速な進歩、すなわち産業革命が起きています。産業革命とは、「手工業」から「機械工業」へ変化する一連の技術革新のことをいいます。18世紀中頃の蒸気機関の改良や綿織物に関連する機械の改良はイギリスの生産力をこれまでにないほど高め、イギリスは「世界の工場」の地位を確立することになります。

19世紀には産業革命はヨーロッパに広がり、各地にさまざまな影響を与えていきます。産業革命そのものが直接音楽に影響を与えたわけではありませんが、社会の変化をもたらし、音楽に間接的な影響を与えました。

産業革命が音楽に与えた大きな影響としては、産業の構造の変化が挙げられます。産業革命により、工場や資金を持つ**資本家**と、資本家に雇われて働く**労働者**に大きく二分されました。労働者は貧しく、長時間労働を強《し》いられましたが、資本家は「都市の富裕層」となり、音楽などの芸術を楽しむ階層になっていきます。産業の発達により商業やサービス業に従事する人も徐々に増加し、極端に豊かでもなく、貧しくもないという、「都市の中間層」も増加し、その層も音楽に触れることで、音楽が次第に大衆のものになっていくのです。

18世紀のフランス・ロシア

革命の足音が聞こえるフランスと大国化が進むロシア

◆革命の足音が近づく18世紀のフランス

18世紀のフランスは、おおむねルイ15世の統治下にありました。この時代のフランスは、オーストリア継承戦争ではプロイセンを支援して介入し、七年戦争ではオーストリアを支援して介入しました。七年戦争はアジア・アメリカをめぐるイギリスとの大戦争に発展し、その結果フランスは多くの植民地を失うことになってしまいます。

ルイ14世の頃からフランスはヴェルサイユ宮殿の造営やたび重なる戦争によってすでに財政難が始まっていましたが、ルイ15世の時代になっても多くの戦争への介入による戦費がかさみ、財政難が深刻なものとなっていました。

また、この時代のフランスには、王権の制限や民衆の自由や平等を唱えるモンテスキューやルソーなどの啓蒙思想家が登場しました。こうした、フランスの財政難や、自由や平等の思想の流行が、18世紀末から19世紀初頭のフランス革命を生んだのです。

「女帝」に率いられた18世紀のロシア

大国化への道を進めていた「大帝」ピョートル1世のあとを受ける形で、18世紀後半のロシアを統治したのが、ドイツからロシア皇帝に嫁いできた「女帝」**エカチェリーナ2世**です。エカチェリーナ2世はドイツ貴族の娘として生まれた純粋なドイツ人でしたが、気弱で能力不足の夫に満足せず、クーデターを起こして自ら帝位に就いた「女傑《じょけつ》」です。ロシアの民衆もこのクーデターを歓迎したといいますから、人望も厚いものがありました。

エカチェリーナ2世は皇帝としてすぐれたリーダーシップを発揮し、法律の整備などを行いました。また、領土拡大につとめ、オスマン帝国と戦ってクリミア半島を手に入れます。日本にも使節を送り、江戸幕府に交易を申し入れたことでも知られます。

ポーランドを分割した大国たち

ロシアの野心はポーランドにも向かっていました。エカチェリーナ2世はポーランドの支配と保護国化を狙っていましたが、同じようにプロイセンとオーストリアもポーランドを狙っていました。そこで、プロイセンのフリードリヒ2世はロシアとオーストリアを誘い、ポーランドに対して領土の割譲を要求しました。

東ヨーロッパを代表する強国である3か国の領土要求に弱小国となっていたポーランドは抵抗できず、3度にわたる「**ポーランド分割**」の結果、ポーランドの領地は完全にロシア・プロイセン・オーストリアに分けられ、ポーランドは地図から姿を消すことになります。

第6章

古典派音楽の時代②

（18世紀末～19世紀初頭）

大西洋を挟んで起きた2つの革命と「楽聖」ベートーヴェンの活躍

◆歴史のあらすじ

18世紀後半から19世紀のはじめにかけて、大西洋を挟んだ地域で立て続けに世界史的な大きな変化が起こります。それが、**アメリカ独立革命**と、**フランス革命**です。

アメリカ独立は、イギリスの植民地であったアメリカが独立戦争を戦い、イギリスからの独立を勝ち取った事件です。独立した際、アメリカは世襲の王ではなく、市民が選ぶ大統領をリーダーにする共和制の国家となりました。

そのことは王や貴族に統治される国家が当たり前であった世界にとっては「革命的」な出来事であったため、この事件は単なる「独立戦争」というにとどまらず、アメリカ「独立革命」とよばれます。

そして、アメリカの独立は次なるフランス革命に大きな影響を与えます。アメリカ独立戦争にも介入したフランスは決定的な財政難になり、財政立て直しのために行われた課税が革命の発端となったからです。その結果、フランスは王がギロチンにかけられて王政が廃止され、王が存在しない共和政が成立するのです。アメリカやフランスの革命は、市民が主役となる近代社会へ世の中が移行するきっかけとなりました。

この章の舞台
(革命の時代)

また、フランス革命の混乱の中から、民衆の期待を集めた**ナポレオン**が登場し、大陸ヨーロッパの大半を支配することになります。ナポレオンの支配を受けた地域では、その支配に抵抗する気持ちが芽生え、それぞれの地域の民族意識や愛国心が高まることになりました。

◆音楽のあらすじ

この時代に活躍した代表的な作曲家が**ベートーヴェン**です。ベートーヴェンは、それまでの音楽のあり方を大きく変え、古典派の音楽からロマン派への移行を導いた、音楽史の中でももっとも重要な作曲家の一人です。

革命の時代は世界史の大きな転換点となりましたが、音楽の面でも大きな転換点となったのです。

アメリカの独立

国民主権の国が世の中に出現した革命的な事件

イギリスの植民地であったアメリカ東岸

北アメリカ大陸の東岸では、17世紀以来、イギリスが多くの植民地を建設していました。そこには大きく分けて13の植民地が存在していたため、13植民地とよばれます。

これらの植民地は、イギリス本国で自由に信仰ができなかったカルヴァン派のプロテスタントが信仰の自由を求めて建設した植民地、アメリカに渡って自ら領主になろうとした人々が建設した植民地、イギリス王から土地を与えられた人々が建設した植民地など、各々が異なるいきさつで建設した植民地でした。そのため、13の植民地はお互いにバラバラに独立した状態で存在していました。

そんなバラバラな状態であったアメリカの植民地が、一致団結してイギリス本国と戦い、独立しようとした大きなきっかけとなったのは、ヨーロッパで起きた七年戦争です。七年戦争自体はプロイセンとオーストリアの戦争なのですが、イギリスとフランスがそれぞれ、プロイセンとオーストリア側に立って参戦し、アメリカ植民地の取り合いを行ったのです（これを、フレンチ＝インディアン戦争といいます）。

イギリスからの重税に立ち上がったアメリカ植民地

フレンチ＝インディアン戦争の結果、イギリスはフランスの広大な植民地を奪うことに成功しました。13植民地に居住している人々も、もとはイギリス人ですので、フランスに自分たちの土地を奪われるよりもイギリスの植民地のままのほうがいいわけですが、この勝利によって新たな問題が発生したのです。

それが、「この戦争の戦費をどこから調達するか」という問題です。イギリス本国はこの戦争にたくさんの兵士や物資をアメリカに送り込んでいたため、莫大《ばくだい》な戦費がかかっていたのです。

そこでイギリスは、アメリカの人々に重税をかけることで戦費をまかなおうとしたのです。戦費をいわば「現地調達」するために、砂糖や嗜好品《しこう》、印刷物など、さまざまなものに重い税をかけたのです。

植民地側は、イギリス本国の方針で起きた戦争なのに、自分たちに重税をかけられてはたまったものではありません。さらに１７７３年、「**ボストン茶会事件**」が起きます。イギリスが、アメリカでの茶の販売をイギリス東インド会社の独占販売とし、実質的に茶をイギリスへの税とする「茶法」を定めると、これに反発した急進派が、ボストンの港で東インド会社の船を襲い、茶を海に投棄したのです。イギリスがこれに対して制裁を行うと、植民地は団結して独立を求めるようになります。

こうしてイギリス本国とアメリカ植民地の対立が強まり、１７７５年に**アメリカ独立戦争**が勃発します。はじめアメリカの植民地軍はイギリスの正規軍に苦戦しましたが、フランスの支援などを得て勝利を勝ち取り、ワシントンを初代大統領にしたアメリカ合衆国が成立しました。アメリカの独立は、国民を主権者とする新しいタイプの国家が世の中に登場した、革命的な出来事として、「アメリカ独立革命」とよばれます。

国王がギロチンで処刑され共和政になった世界史を揺るがした大事件

強力な王権を倒した民衆の力

18世紀の最末期にフランスで始まった**フランス革命**は、世界の歴史の中でも、特に重要な位置付けが与えられる事件です。フランス国王はそれまでヨーロッパでもっとも強い王権を持っていると考えられていましたが、そのフランスで革命が起こり、フランス国王のルイ16世が民衆の前で公開処刑されたのです。このことはヨーロッパ世界に衝撃を与え、世界の人々に自由や人権を求める思想を根付かせるきっかけになったのです。

フランス革命の展開

フランス革命の原因は、フランスの財政難と、民衆たちの不満にありました。フランス革命に直面した**ルイ16世**が王位に就いた頃のフランスは、大変な財政難でした。ルイ14世が行ったヴェルサイユ宮殿建築などの贅《ぜい》沢《たく》や多くの対外戦争に加え、ルイ15世は七年戦争への介入、ルイ16世はアメリカ独立戦争への介入を行って、多くの戦費を投入しており、財政難は限界に近いものがありました。一方、民衆に対してはすでに、もうこれ以上はしぼり取れないほどの税が課されていました。平民の不満もまた、限界近くにあったのです。

そこでルイ16世は、それまで税を払わなくてよい「特権階級」とされていた聖職者や貴族たちに、税をかけようとしたのです。当然、聖職者や貴族は反発します。すると今度は、特権階級が課税に反対することに対して、今まで一方的に重い税をかけられていた平民たちが反発するのです。こうして、フランスの課税問題は、身分間の対立という構図になったのです。

ここで、平民たちの代表は自らを中心とした議会を創設し、憲法の制定を目標にした「**国民議会**」と名乗ります。国王ルイ16世は平民たちを中心とした議会創設の動きにいったんは譲歩しますが、保守的な貴族たちが弾圧を求めたことで、武力による弾圧に転じます。

民衆たちはこれに対し、1789年7月、圧政の象徴であったバスティーユ牢獄《ろうごく》の襲撃を行い、**フランス革命**が始まります。バスティーユ牢獄には武器や弾薬が多く存在し、その武器を手に入れることと、牢獄を襲撃することで、権力に抗《あらが》う自分たちの姿勢のアピールを狙ったのです。ここに**フランス革命**が勃発します。そして国民議会は人権宣言を発表し、自由と平等、国民主権を基礎とする革命の理念を打ち出すのです。

◆王の権威は低下し、「国民の敵」に変化

革命はパリの街で進行していましたが、国王はパリから少し離れたヴェルサイユに居住していました。そこで、パリの市民はヴェルサイユに押しかけ、国王一家をパリに連行して市民の監視下に置きます。いったんはパリに居住したルイ16世一家でしたが、ここで国王は国外逃亡未遂事件を起こします。身の危険を感じたルイ16世はパリを抜け出して王妃マリー・アントワネットの実家のオーストリアに保護を求めようとしたのです

が、途中で発覚してしまい、パリに戻されてしまいます。

王のパリへの連行と逃亡未遂事件によって、すっかり王の権威は失墜してしまいました。また、この状況は周囲の国々にも緊張感を与えたのです。フランスを真似て、民衆が暴動を起こしたらどうなるか、と考えると、周辺の国々の国王たちは穏やかには暮らせません。

中でも、王妃**マリー・アントワネット**の実家であるオーストリアは、アントワネットの危機を救うために革命の進行を止めようと積極的に画策していました。フランスの民衆たちからなる革命軍は、この画策に対して先回りして宣戦布告し、オーストリアと戦います（このとき、革命軍に加わったマルセイユの義勇軍が歌っていた歌が、現在のフランス国歌となる**『ラ・マルセイエーズ』**です）。

国内問題だったフランス革命は対外戦争に発展し、フランス国民の王への感情は、「海外の勢力と手を組み、革命の進行を止めようとする『国民の敵』」のように変化しました。そして、革命軍は宮殿を襲って王権を停止してしまうのです。

フランス革命（革命記念日）を題材にした曲

ドビュッシー　前奏曲集第２巻『花火』
（1913）

ドビュッシーのピアノ曲である『花火』は、７月14日のフランス革命を記念する、革命記念日の花火の情景を描いた曲です。作曲された時代は第一次世界大戦の直前であり、愛国心の高まりが見られた時代です。この曲は花火の様子を、駆け巡る細かい音符で描写していますが、最後のほうに、「遠くから歌が聞こえる」というような表現で、ほんの少しだけフランス国歌の『ラ・マルセイエーズ』のフレーズが登場します。

共和政が成立したが、始まってしまった「恐怖政治」

王権の停止とともに男性の普通選挙が行われ、新たな政府である**国民公会**が成立しました。ここに、フランス史上初の「王のいない状態」である、**第一共和政**が成立します。そして、ルイ16世とその王妃マリー・アントワネットは民衆の前に引きずり出され、ギロチンで公開処刑されたのです。

この知らせを聞いた周囲の国の王は、フランス王の処刑に強く反応します。自分の国でもフランス革命を真似して王政の打倒を目的とした革命が起きてしまうと、自分も公開処刑の目に遭うかもしれません。自分の王政を守るためにも、革命によって成立したフランスの共和政を早めにつぶす必要があります。各国は**対仏大同盟**とよばれる同盟を組むことになり、フランスはヨーロッパ中を敵に回すことになります。

袋叩きにされる危険性を感じたフランス国内では、強力なリーダーシップを持つ人物に権力を集中させようという動きが起こります。そして、強力なリーダーシップを持つ**ロベスピエール**を中心とした、もっとも急進的な**ジャコバン派**という組織に権力が集中するのです。農民や下層市民を支持基盤とするジャコバン派政府は、農奴《のうど》の解放や貧しい市民のための物価抑制策をとり、それらの政策と引き換えに徴兵制を実施するなどの改革を次々と実行します。徴兵制の効果は上がり、対仏大同盟の危機は去っていきますが、ロベスピエールはその後も独裁を強め、反対派を次々とギロチンで処刑する、「**恐怖政治**」を行ったのです。その結果、この独裁への不満が高まり、ロベスピエールは逮捕され、処刑されてしまいました。

独裁への反動からか、その後にできた政府は弱体で、強力なリーダーシップが発揮できずにいました。こうした状況を見て、周囲の国は再び対仏大同盟を組み、フランスに襲いかかってきました。

ナポレオンの登場によって革命は「民衆が選んだリーダー」の段階へ

英雄ナポレオンに集まった期待

王政を倒しても独裁が始まり、その後の政府は弱体……そんな不安定な政情と、海外勢力からの攻撃が続いていたフランスの人々は、混乱を収拾し、フランスの危機を乗り切る存在として、有力な軍事指導者のナポレオンに期待を寄せるようになりました。

ナポレオンは北イタリアに遠征してオーストリア軍を破り、イギリスと植民地インドの輸送網を断つためにエジプトに遠征するなど、大規模な遠征を重ねていました。このような大規模な遠征によりナポレオンの名声が高まると、ナポレオンは遠征から帰国してクーデターを起こし、独裁的な権力を握りました。

ナポレオンは銀行を設立して商工業を振興し、教育の制度を整え、財産権の保障や法の前の平等を盛り込んだ民法を定めます。周辺諸国とも講和を進め、ひとまずの危機を回避しました。フランスに再び安定をもたらしたナポレオンを民衆は支持し、ナポレオンは国民投票で皇帝に即位し、フランス人民の皇帝と称しました。この時代の体制を「**第一帝政**」といいます。

フランス革命は「王の時代」から、王を倒して「王がいない時代」を経て、ついに、「みんなでリーダーを選んでその支配を受ける」という段階を経験することになったのです。

◆ナポレオンの征服活動と敗北

この、ナポレオンの台頭と皇帝即位に対して、危機を感じた周辺諸国は3度目の対仏大同盟を結成して対抗します。これに対し、ナポレオンは周辺諸国への遠征に打って出るのです。海戦ではイギリスに敗北してしまうものの、陸戦ではオーストリア・ロシアの連合軍を破ります。プロイセンも破ると、手に入れたドイツの小国家たちをまとめて**ライン同盟**という従属国の連合体にします。これによって、もともと名ばかりになっていた神聖ローマ帝国は完全に消滅してしまいます。即位から10年もたたずに、ナポレオンの支配は大陸ヨーロッパのほとんどに及ぶようになりました。

しかし、ナポレオンにとって大きな誤算となったのが、ロシアへの遠征でした。ナポレオンが発したイギリスと大陸のヨーロッパ諸国との貿易を禁止する「**大陸封鎖令**」をロシアが破ると、ナポレオンは制裁のために大軍を率い、**モスクワ遠征**を行ったのです。このモスクワ遠征は、ロシアの巧妙な作戦により失敗に終わります。ロシアは退却しながら広大なロシアの内部にナポレオンをひき込み、冬を待って一気に大反撃を加えたのです。ナポレオンの軍は戦死と凍傷により壊滅的な敗北を喫しました。

ナポレオンがロシアに敗北したことは、ヨーロッパ諸国にとってはチャンスになりました、ヨーロッパの諸国は4度目の対仏大同盟を結び、ナポレオンを追い詰め、ナポレオンはイタリアのエルバ島に流されてしまいます。あきらめないナポレオンは諸国が戦後処理（ウィーン会議）を行った隙に再起を図りますが、最終決戦の**ワーテルローの戦い**に敗北し、最終的に大西洋の孤島、**セントヘレナ島**に流され一生を終えました。

ナポレオンを題材にした曲

ベートーヴェン　交響曲第３番 『英雄』

（1802～1803）

雄大な冒頭から始まるこの曲は、当初『ボナパルト』と名づけられ、ナポレオンに捧げる曲として作曲されました。ベートーヴェンははじめ、ナポレオンはフランス革命の成果を守り、人々に自由や権利をもたらす存在と考えていました。しかし、ナポレオンが皇帝の座に就くと、ベートーヴェンはナポレオンを、権力の座に汲々《きゅうきゅう》とする俗物と批判し、タイトルを『ボナパルト』から『英雄（エロイカ)』に書き換えたといいます。

ナポレオンを題材にした曲

チャイコフスキー　序曲『1812年』

（1880）

ナポレオンにとって致命的な失敗となったロシア遠征を描いた曲が、この『1812年』です。ロシア目線で書かれたこの曲は、ナポレオンに対するロシアの勝利を喜ばしいこととして描写されています。ナポレオンが率いるフランス軍は『ラ・マルセイエーズ』の旋律で表現され、それが戦ううちに勢いを失い、フランス軍の劣勢とロシア軍の優勢を示します。曲の最後では、大砲の音とともに、ロシア帝国の国歌が高らかに鳴り響きます。

革命の時代のドイツ

フランス革命とナポレオンに大きく影響されたドイツ

◆フランス革命を止めようとして敗北したドイツの２国

フランス革命とナポレオンの台頭に対処したドイツは、どのようになっていたのでしょうか。革命の時代における「ドイツ」、いわゆるドイツ語圏は、二大強国であるプロイセンとオーストリア、そして多くの小国家から構成されていました。

フランス革命の勃発に対して危機感を持ったプロイセンとオーストリアは、革命に対して敵対的にふるまいました。共同して宣言を出してヨーロッパの君主たちに注意を促し、フランス革命の進行を止めるための軍隊を送ります。しかし、革命軍との戦いで２国は敗退し、フランス革命の進行を止めることはできませんでした。また、両国の国内では革命的な思想が取り締まられました。

◆ナポレオンによって変化を迫られたプロイセンとオーストリア

ナポレオンが皇帝になると、プロイセンとオーストリアの両国はいずれもナポレオン軍に敗退してしまいます。特に、神聖ローマ帝国がナポレオンによって消滅させられ、「ライン同盟」になったことは、形ばかりは神聖ローマ皇帝であったオーストリア大公にとっては大きな打撃でした。神聖ローマ皇帝の地位を返上させられたオーストリア大公はここから「オーストリア皇帝」と称し、よりオーストリアと支配地のハンガリーやチェコの経営に集中することになりました。

プロイセンもナポレオンによって領土が半減させられてしまい、大きな危機が訪れました。しかし、この危機が、プロイセンによるドイツ統一の背景となりました。敗北が農奴制の廃止や軍隊の近代化など、積極的な改革へと舵をきる原動力となり、国土をフランス軍に踏み込まれたことが、民衆に自らを「ドイツ人」であると強く自覚させることになったからです。

音楽における革命的転換点を作ったベートーヴェン（1770～1827）

「楽聖」とよばれるベートーヴェンは古典主義からロマン主義に橋渡しをする時期に活躍した、クラシック音楽史の中でも非常に重要な作曲家です。ハイドンやモーツァルトの創作活動を受け継いで、大きく音楽を発展させました。ベートーヴェンが作曲した9曲の交響曲や32曲のピアノソナタ、16曲の弦楽四重奏曲などは現在でもクラシック音楽の中心的なレパートリーになっており、時代を追って聴いていくと、曲の構成が次第に複雑になり、古典派からロマン派的な曲へ作風が移行していったことがよくわかります。

ベートーヴェンはそれまでの作曲家のように、宮廷や教会に雇われるという音楽家ではなく、貴族の支援や市民たちの人気のうえに活動する「職業芸術家」となった最初の人物とも言えます（モーツァルトもフリーランスでしたが、宮廷や教会での仕事を得ようとはしていました。ベートーヴェンはもとからそのような主従関係を拒否していたと言われます）。

ベートーヴェンはドイツ西部のボンに生まれましたが、作曲家としての活動の中心はオーストリアのウィーンでした。ベートーヴェンが作曲を行った時期はフランス革命とナポレオンの登場、そしてナポレオン後のウィーン体制の時代という激動の時代にあたります。

ベートーヴェンはフランス革命の精神にある程度共感していたとされており、交響曲第3番『英雄』は、当初、民衆の自由や権利を守るというフランス革命の理念を唱えるナポレオンに共感し、ナポレオンをたたえるための曲として作曲されたといいます（ナポレオンが皇帝になると、タイトルは書き換えられました）。

ベートーヴェンの曲の特徴は、比較的短い音楽の「素材（動機）」を変形したり、転調したりしながらたたみかけ、壮大で感動的な音楽にするという、高い構成力にあります。ベートーヴェンの音楽の素材は、チャイコフスキーのように美しいメロディが長く続くものではなく、（『運命』のジャジャジャジャーンのように）総じて「素材だけ」という感じがします。しかし、ベートーヴェンはこの素材を徹底的に使い、積み重ねながら大規模な曲を作ります。これが、小さなレンガを積み重ねて巨大な建築を作るような感動を与えるのです（「動機の展開技法にすぐれる」というような言い方をします）。

こうした、動機を積み重ねるという特徴がよくあらわれているのが交響曲第5番や第7番です。その他にも、楽章にタイトルをつけ、その情景を音楽で描こうとした交響曲第6番、合唱や打楽器を使い、より劇的な表現を追求した「型破り」な交響曲第9番などがよく知られています。

キャリアの若い頃から難聴に苦しみ、晩年には耳が聞こえない状況にありながらも名作の数々を生み出したことも、半ば神格化されたベートーヴェン像ができた理由のひとつでしょう。その葬儀の参列者は2万人を超える規模だったということです。

ベートーヴェンの代表曲

交響曲第５番『運命』

（1806～1808）

『運命』とは、この曲の冒頭をベートーヴェンが「運命とはこのように扉を叩くのだ」と言ったとされるエピソードからとられ、ベートーヴェンによる正式な命名ではありません。しかし、このタイトルによって、多くの人々に知られるようになったのは間違いないことだろうと思います。小さな「動機」を積み重ねて大規模な曲を作る、ベートーヴェンの魅力が詰まった１曲です。

ベートーヴェンの代表曲

交響曲第９番『合唱付』

（1822～1824）

この「第九」はベートーヴェンの曲の中でも、全クラシックの曲の中でももっとも有名な曲といっていいかもしれません。この曲は本格的な合唱と、打楽器やトロンボーンを含む大型のオーケストラを要し、１時間を超える曲の規模など、それまでの音楽の常識を超える革命的なものでした。第４楽章ばかりが有名なのですが、それまでの３つの楽章を否定し、克服して「歓喜」に至るというストーリーなので（聴き通すのはそれなりに大変なのですが）、一度はじっくりと４楽章を通して聴いてほしいと思います。

イギリス・ロシア・ポーランド

革命の時代に直面したそれぞれの国家の横顔

◆アメリカの独立を認めたイギリスのその後

イギリスにとっても、この「革命の時代」は激動の時代になりました。植民地であったアメリカからは独立戦争を挑まれ、フランス革命の進行に対しては、革命軍やナポレオン軍の矢面に立って戦うことになったからです。

しかし、この激動の時代をイギリスはうまく乗り切ることができました。その立役者となったのが、24歳という若さでイギリスの首相になった**ピット**です。

この若き首相は、アメリカ独立戦争によって悪化した財政や目まぐるしく変わった国際情勢に対し、行政改革や財政改革を行って国内を安定させ、諸国に呼びかけて「対仏大同盟」を結成してその中心となりました。ナポレオンに対しても対抗姿勢を崩さず、ナポレオンとの最終決戦であるワーテルローの戦いを勝利に導きました。

ピットは中断を挟みながらも約20年間も首相をつとめました。彼の改革をベースに、イギリスは19世紀の「大英帝国」とよばれた繁栄を迎えることになります。

◆ナポレオンを破った「最高殊勲《しゅくん》選手」のロシア

ナポレオン戦争において、ナポレオンを破った「最高殊勲選手」となったのがロシアです。皇帝アレクサンドル1世は、一度はナポレオンに手痛い敗北を喫《きっ》しましたが、ナポレオンがロシア遠征を行うとこれを迎え撃ち、退却を重ねてナポレオン軍を国土の内部にまでおびき出し、厳しい冬を待ってナポレオン軍に逆襲するという捨て身の「焦土《しょうど》作戦」を展開したと言われます（モスクワの住民を待避させておいてからナポレオン軍を市内に誘導し、モスクワ市街に火をかけてナポレオン軍を「焼き討ち」にしたという話も伝わっています）。

この結果、ナポレオン軍は壊滅的な打撃を受け、ナポレオンの権威失墜と退位につながります。ロシアの歴史上、このナポレオン戦争は「祖国戦争」とよばれ、ヨーロッパの列強の一角へとロシアの存在感を高めた事件となりました。

◆ナポレオンのおかげで一時的に復活したポーランド

ポーランドは、18世紀末にロシアやプロイセン、オーストリアによって分割され、地図から姿を消していましたが、ナポレオンによって一時的に「ワルシャワ大公国」として復活することができました。しかし、これはあくまでもナポレオンの同盟国としての独立であり、ナポレオンが歴史から姿を消すと、ポーランドはナポレオンを撃破したロシアの支配下に入り、再び地図から姿を消すことになります。

第7章

ロマン派音楽の時代①

（19世紀前半）

革命の嵐が吹き荒れるヨーロッパとテーマを表現し始めた作曲家たち

◆歴史のあらすじ

この章では19世紀前半の時代と音楽についてお話しします。本書の第5章と第6章では、18世紀から19世紀初頭にかけて、大西洋を挟んだ地域でイギリスでの産業革命やアメリカ独立革命、フランス革命、そしてナポレオン戦争と大きな社会変動が立て続けに起きたことを紹介しました。

この章で扱う19世紀前半は、このような大きな社会変動の余波がヨーロッパ中を揺さぶり続けた時代でした。特に、フランス革命の余波は多くの国々に影響を与えます。

長らく権力者によって支配されていた民衆にとっては、フランス革命の理念や精神は、支配から解放され、自由や平等をもたらすものとして歓迎されました。そして、フランス革命を真似て、自分たちも暴動や革命を起こして自由や権利を手にしたいと蜂起《ほうき》するようになります。

一方で、王や貴族などの支配者層は、権力をそのまま持ち続け、民衆を支配し続けたいと考えます。彼らは自由や権利を求める民衆の暴動や革命を抑え込もうとするのです。

「そのまま支配を続けたい王や貴族」と、「自由や平等を勝ち取りたい民衆」の対立は、この時代の中心的な構図になります。

また、この時代には王や貴族のような特権階級ではなく、国民こそが国家を支える存在だという考えが流行し、自分たちの民族で自分たちの国を持とうとする民族意識や国民意識（**ナショナリズム**）も高まりました。たとえば、ロシアに支配されているポーランドや、オーストリアに支配されているハンガリーの民族運動がその代表例です。「支配に抵抗する」という革命の理念が、民族運動にも影響を与えたのです。

音楽のあらすじ

19世紀前半は、「ロマン主義」とよばれる大きな流れが芸術に生まれた時代でした。大きく見れば、自由や権利を求める市民の思いや、独立を求める民族の熱い思いが芸術の世界にも影響を与えた時代です。

ロマン主義のひとつの特徴は「テーマ性」です。民衆や民族の「思い」が噴出する時代ですので、文学や絵画、そして音楽にも、作者が作品に何らかのメッセージやテーマを盛り込むようになったのです。もうひとつは、「テーマ性」とも関連がある、「劇的な表現」です。より感情に訴える、劇的な表現が追求されたのです。

こうした表現の幅の拡大の要因には、芸術の受け手が貴族から市民にすっかり移行し、音楽が「大衆化」しつつあったことも挙げられます。多くの聴衆たちが、より心を動かされるような表現を求めたのです。

音楽における「ロマン派」に位置付けられる作曲家は19世紀前半から20世紀前半まで、数多くいますので、本書では便宜的にいくつかの「世代」に分けてご紹介したいと思います。第７章で紹介する19世紀前半の世界では、ロマン派の「第１世代」と「第２世代」が登場します。

ロマン派の「第１世代」は**ウェーバー**や**シューベルト**、**ロッシーニ**らです。彼らは18世紀末に生まれ、主な作品群を19世紀初頭に発表しています。ナポレオン戦争のことが、はっきりと記憶にある世代でしょう。

ロマン派の「第2世代」は、1810年頃に生まれ、主な作品群を19世紀前半に発表し、1860年前後に亡くなった作曲家たちです。ナポレオン戦争のときは生まれていなかったか、ごく幼少の頃の時代です。シューマン、メンデルスゾーン、ショパン、ベルリオーズらがその世代にあたります。ナポレオン戦争の時代は、生まれたばかりですので、あまり記憶にはない世代ではないかと思います。

◆ロマン派以降の音楽の特徴

古典派の時代は、音楽の「形」の面である、ソナタ形式や機能和声が発展しましたが、このロマン派の時代は、音楽の「心」の面、すなわちどのような感情表現をするかという発展が見られた時代です。

たとえば、楽譜にあらわれた変化としては、強弱記号にメゾフォルテ、メゾピアノというような「中間」を示す記号を使うようになったことが挙げられます。それまでの古典派の曲は、基本的に音の強弱を示す記号は、pp（ピアニッシモ）、p、（ピアノ）、f（フォルテ）、ff（フォルティシモ）の4種類しかありませんでした（一部の例外はあります）。しかし次第に、ロマン派の「第1世代」からmf（メゾフォルテ）が使われ始め、ロマン派の「第2世代」は総じてmf、mp（メゾピアノ）を使って作曲しています。mfが使われるということは、pでもfでもない「その中間」を表現しようとしたことに他なりません。感情の動きをより細やかに描こうとした姿勢が感じられます。また、音楽にタイトルをつける「標題音楽」の作曲も多くなりました。それまでの曲のタイトルは他人が名づけた「通称」のような形が多かったのですが、曲に文字のイメージを借りて作曲家自身がタイトルをつけ、テーマ性を付加することが多くなりました。

この章の舞台
（19世紀前半の時代）

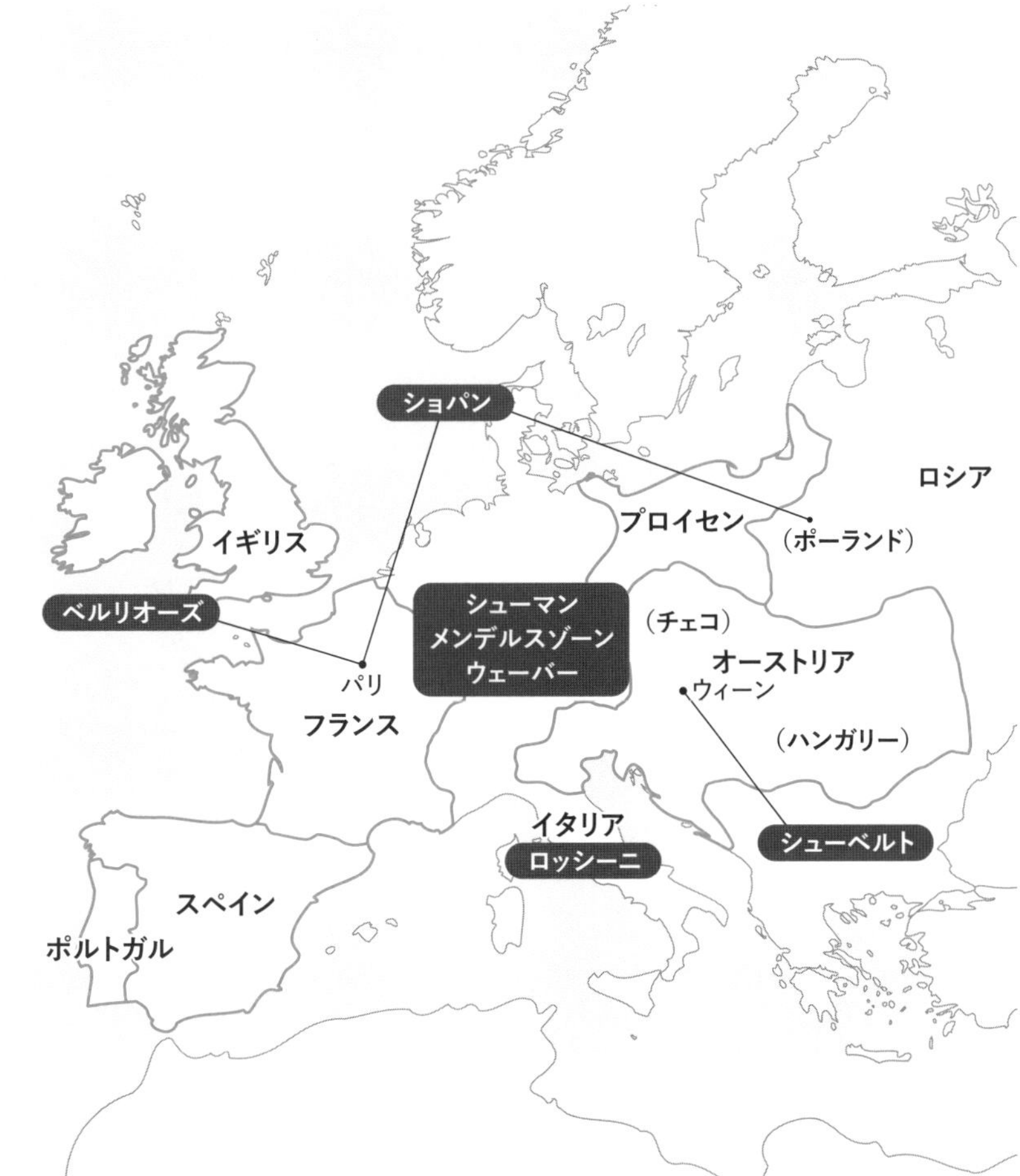

王の時代が復活したヨーロッパと自由と権利を求める民衆の対立

◆「支配」の体制が戻ってきたウィーン体制

ヨーロッパを面的に支配していたナポレオンの失脚を受け、ヨーロッパの諸国の代表がウィーンに集まり、領土をどのように再分配するかというウィーン会議が開かれました。

このウィーン会議では、「正統主義」が唱えられました。フランス革命も、ナポレオン戦争もいったんリセットし、フランス革命前の状態にヨーロッパを戻そうという考え方です。当然、王や貴族はそのままの支配が維持されますし、民衆に対する支配も変わらぬままです。フランスは処刑されたルイ16世の弟のルイ18世が王位に就き、ブルボン朝が復活します。また、ロシア、オーストリア、プロイセンはもとの支配地を取り戻します。各国それぞれの「支配」体制が戻ってきたような格好です。

しかし、フランス革命をいったん経験したヨーロッパの民衆にとっては、今さら「王や貴族に一方的に支配される世の中に戻す」と言われても、納得できる話ではありません。国民が政治に参加でき、リーダーも自分たちが選べて、農奴制もない世の中、そんなフランス革命の理念はすでにヨーロッパの民衆の間に広がっていたのです。19世紀前半は、各国ともに自由や権利を求める民衆の反乱や暴動が多発することになります。

19世紀前半のフランス

「フランス革命」後も相次いだ「フランスの」革命

◆ブルボン朝が再び倒された七月革命

フランスではナポレオンが失脚したのち、ルイ16世の弟にあたるルイ18世やシャルル10世といった王たちが王位に就き、一時的にブルボン朝の王政が復活しました。

ルイ18世は議会に協力的な姿勢を見せたものの、シャルル10世のほうは議会を解散して独裁と絶対主義を強め、自由や権利を求める国民の不満は一層高まりました。シャルル10世は国外に注目させて不満をそらすため、アルジェリアに出兵しますが、国民の不満はおさまりませんでした。１８３０年、ブルボン王政を再び打倒するための革命の火の手が上がります。これが**七月革命**です。ドラクロアの絵画『民衆を導く自由の女神』に表現されているような激しい市街戦の結果、シャルル10世は国外に亡命してブルボン朝は再び倒れ、自由主義者として知られたオルレアン家の**ルイ・フィリップ**が新しい王に迎えられます。

七月革命はフランス革命の記憶をヨーロッパ中の民衆に思い出させました。七月革命の成功を受けて、「革命を起こせば成功するかもしれない」「支配者を倒せるチャンスかもしれない」と、各地域での革命や暴動が多発します。

二月革命によって再びフランスは共和政へ

七月革命によって王位に就いたルイ・フィリップの王政は「**七月王政**」とよばれます。ルイ・フィリップはもとから人々の自由や権利に理解があり、当初は「国民王」とよばれて民衆からの期待を集めました。

しかし、ルイ・フィリップはお金持ちを優遇して豊かな階層にしか選挙権を与えず、民衆の不満が高まります。優遇された資本家たちにとってはビジネスチャンスが増え、フランスの産業革命が進んだのですが、民衆にとっては不満が高まり、ルイ・フィリップには「株屋の王」というあだ名がついてしまいました。

このような状況で、1848年、パリの民衆が武装蜂起し、3日間の市街戦の末、ルイ・フィリップは退位し、亡命を余儀なくされます。これが**二月革命**です。二月革命の結果、フランスは再び王のいない状態になります。これを**第二共和政**といいます。

フランスの二月革命は、七月革命と同じように、自由や権利を求める諸国の民衆の蜂起の多発につながりました。オーストリアではウィーンで民衆の蜂起が起こり、ウィーン体制を主導していた首相のメッテルニヒが亡命するという**三月革命**が起こります。プロイセンでも、憲法制定を求める民衆の蜂起が起きます。オーストリアに支配されているハンガリーや北イタリアなどの地域でも蜂起が起きました。

こうした、1848年のフランス二月革命から始まり、ヨーロッパ中に飛び火した反乱、暴動、革命などの運動をまとめて「**諸国民の春**」といいます。それまで下の身分に置かれていたり、権利が制限されていたり、他国に従属していたりという、あらゆる「支配」に対しての抵抗運動が噴出したのが、この時代なのです。

失恋をきっかけに不朽の名作を書いたベルリオーズ(1803～1869)

年代的にはロマン派の「第2世代」にあたる、フランスの初期ロマン派を代表する人物がベルリオーズです。代表作の『幻想交響曲《げんそう》』は、作曲されたきっかけがベルリオーズの失恋の逆恨みという、「テーマ性」と「個人の思い」(恨みつらみも)が込められた、まさにロマン派ならではの曲になっています。

この『幻想交響曲』は、巨大なオーケストラに加え、舞台裏から演奏するオーボエ、弓を裏返して木の部分で弦を叩く特殊奏法、大小の鐘の使用など、楽器の使い方もそれまでの古典派の曲とはかけ離れており、この曲が、明確にロマン派の時代に入ったことを示しています。その他にもベルリオーズはティンパニを16台も使った『レクイエム』や、『ロメオとジュリエット』などの文学作品をもとにした曲や、7月革命をテーマにした『葬送《そうそう》と勝利の大交響曲』など、テーマ性のある大規模な曲を多く作曲しています。

ベルリオーズの代表曲

『幻想交響曲』
(1830)

イギリスからパリにやってきた女優に恋をしたベルリオーズが、その思いが届かず、気持ちを「こじらせ」てその女優を憎むようになり、その情念を曲に込めたのが、この『幻想交響曲』です。曲のストーリーは、「作曲家が恋をしたが、叶えられずに自殺をしようとする。だが、死にきれず、幻覚の中で恋をした相手を殺してしまい、死刑宣告を受けて自らも処刑され、魔女の饗宴《きょうえん》の場に引きずり出される」というグロテスクなものです。

「諸侯の寄せ集め」状態から統一を求め始めたドイツ

消滅した神聖ローマ帝国と民衆の蜂起

ウィーン会議は、フランス革命前の状態にヨーロッパを戻すという「正統主義」が基本姿勢でしたが、ナポレオンによって解体された神聖ローマ帝国が復活することはなく、ドイツ連邦という国家連合がつくられることになりました。ここに、中世以来続いてきた神聖ローマ帝国は完全に消滅したことになります。

自由や権利を認める民衆の運動は、このドイツにも及び、多くの反乱や暴動が起きました。オーストリアやプロイセンを中心とするドイツ連邦の構成国は、これらの反乱の鎮圧に手こずることになります。特に、オーストリアではウィーン体制を主導していた首相のメッテルニヒが亡命するという事態に至ります。

統一へと動き出したドイツ

この、自由や権利を求める民衆の運動に加え、ドイツの場合には、民族の統一という問題も抱えていました。

いわゆる「ドイツ語圏」は、神聖ローマ帝国時代から、たくさんの諸侯や小国家に分かれており、それぞれの諸侯や小国家の人々の間には、同じ「ドイツ人」という連帯意識はあまりありませんでした。

しかし、ナポレオン戦争のとき、このドイツがナポレオンの支配下に入ってしまったことによって、国境を越えた「ドイツ人」であるという民族意識が芽生え始めたのです。他の民族から支配されない、ひとつのドイツという国を作ろうという意識に、先ほどの自由や権利を求める民衆の意識が加わり、「ドイツがひとつにまとまり、自由と権利が保障される『我々のドイツ』を作ろう」という運動に発展していきます。

このムードの中で、ドイツの作曲家たちはそれまでの音楽をさらに発展させ、より人々の感情に訴えかけるロマン派の傾向を強めることになります。中でも、ロマン派の「第1世代」である**ウェーバー**は、ドイツ民謡を取り入れた曲を作曲し、ドイツの人々の民族愛を呼び覚まして熱狂的な支持を集めます。この精神はロマン派の「第2世代」の作曲家や、その後の世代にあたる**ワーグナー**らに受け継がれます。こうしたドイツ音楽界の盛り上がりは、数えきれないぐらいの多くの作曲家をドイツ語圏から誕生させることになりました。

ドイツの物語をオペラにしたウェーバー（1786〜1826）

ドイツの作曲家である**ウェーバー**は、ロマン派の「第1世代」にあたる作曲家です。『魔弾《まだん》の射手《しゃしゅ》』『オベロン』をはじめとするオペラを中心に作曲し、モーツァルトに続くドイツのオペラ作曲家という位置付けを獲得しました。実際に、ウェーバーの伯父の娘がモーツァルトの妻であるコンスタンツェですから、モーツァルトとウェーバーは、「義理のいとこ」という血縁もありました。

ウェーバーが35歳で書いたオペラ『**魔弾の射手**』は特に有名で、ドイツの古い物語に題材をとったことで、民衆の熱狂的な支持を受けました。それまで「オペラといえば、やっぱりイタリアが本場」というような認識であったオペラ界に、ドイツのオペラを根付かせたのです。また、晩年はイギリスのロンドンに渡り、もうひとつのオペラの名作『オベロン』を書きあげます。『魔弾の射手』と『オベロン』の序曲は演奏機会も多く、ときおり一気にたたみかけるような「熱い」盛り上がりを見せる場面が、ロマン派ならではの聴きどころとなっています。

◆ロマン派の「第1世代」の代表、「歌曲の王」シューベルト（1797〜1828）

ベートーヴェンは1827年、56歳で亡くなりましたが、その翌年、わずか31歳で亡くなった作曲家がシューベルトです。したがって、シューベルトの活動時期はベートーヴェンの活動時期の後半のほぼすべての時期に重なります。

ベートーヴェンと活動時期がぴったり重なるにもかかわらず、一般的にはベートーヴェンは古典派、シューベルトはロマン派に分類されることが多いのですが、実際に音楽を聴い

ウェーバーの代表曲

歌劇『魔弾の射手』序曲
（1821）

ドイツの民間伝説で、「7発中6発が狙い通りに必ず当たるが、最後の1発は悪魔の意のままに命中する」という「魔弾」を使った狙撃手《そげきしゅ》を主人公とする物語を、ウェーバーがオペラにしたものです。もともとは中世ドイツのお話で、「魔弾」は弓矢だったようですが、オペラの筋書きでは三十年戦争後のドイツの話になっています。中でもこの「序曲」は初期ロマン派の代表曲として有名です。

てみると、短い動機を積み重ねるベートーヴェンの作風と比べて、シューベルトの曲のほうが総じて旋律が長く、歌唱的な「ロマン派」の特徴を示していることがわかります。

　また、シューベルトは「歌曲の王」と言われ、数多くの歌曲を作曲したことでも知られます。シューベルトは独唱にピアノ伴奏をつけた歌曲を約６００曲残していますが、シューベルトの歌曲におけるピアノは単なる伴奏にとどまらず、詩の内容に聴衆を導くという、大きな役割を果たします。こうした特徴も、シューベルトが「ロマン派」の草分けとして分類される要素なのです。『魔王』や歌曲集『冬の旅』などの曲は、中学校の音楽の授業でもよく取り入れられ、聴いたことがある、という方も多いのではないかと思います。

　シューベルトは13歳頃から作曲を始め、31歳という若さで亡くなりましたが、その間、１０００曲近い曲を作曲するという、非常に盛んな作曲活動を行いました。交響曲では『未完成』と言われる交響曲第８番、『グレート』と称される第９番（それぞれ、７番、８番とも言われます）、室内楽曲では弦楽四重奏曲第14番『死と乙女』、弦楽五重奏曲『鱒《ます》』などがよく知られています。

シューベルトの代表曲

『魔王』
（1815）

中学校の音楽の教科書に取り上げられているため、この『魔王』を聴いたことがある、という方も多いと思います。シューベルトが18歳のときの作品で、詩人ゲーテのテキストを歌曲にしています。一人の歌手が魔王、息子、父親、語りと、声色を変えながら、高熱にうなされる息子を抱いて馬を走らせる父と、息子を死に引きずり込もうとする魔王の声、そして死にゆく息子を歌い分け、４分間ちょっとの曲の間に、劇的な展開が詰まっています。

シューベルトの代表曲

交響曲第８番（第７番）『未完成』
（1822）

この曲が『未完成』とよばれるのは、第１楽章が３拍子、第２楽章も３拍子で書かれているため、第３楽章も３拍子で書いてしまうと、３楽章にわたって3拍子の音楽が続いてしまうので作曲を中止してしまったとも、第１、２楽章の音楽の充実ぶりを超える第３、４楽章の作曲は難しいと判断したから、などの説があります。ともあれ、低音の弦楽器のミステリアスな出だしとオーボエの哀愁漂う旋律には『未完成』という名称がよく似合います。

◆形式よりも「感情」を重視した「文学青年」シューマン（1810～1856）

シューベルトの13歳年下のシューマンは、メンデルスゾーンとともにシューベルトのあとを引き継ぐ「ロマン派第2世代」にあたります。

シューマンの父アウグストが書店と出版社を営んでいたことから、シューマンは文学に幼いときから親しみ、自ら詩や戯曲を作るようになりました。はじめシューマンはピアニストを目指しますが指を傷めてその道を断念し、作曲や音楽評論の分野で活躍しました。

そのようなアーティスト気質をもつ「文学青年」らしく、シューマンは「形式」よりも「感情」を重視した作品を多く作曲しました。時には、繊細でもやもやした「内気」とも感じられる表現もあれば、一気に感情を表に出すような表現もあり、一曲一曲に異なる表情を見せることが魅力です。

また、シューマンを音楽に向かわせる原動力となったのは恋する心でした。ピアノの先生に18歳で弟子入りしたシューマンは、当時9歳であった先生の娘クララに恋をしたのです。天才的なピアニストだったクララも、次第にシューマンに惹《ひ》かれるようになりました。しかし、ピアノ教師の父は反対し、訴訟まで起こした末にシューマン30歳、クララ20歳で結婚することになります。この結婚周辺の時期が、ピアノ作品を中心とした初期の名作の時代です。

シューマンの作品群はピアノ作品を中心とした初期、1840年のいわゆる「歌曲の年」、その後の管弦楽曲や室内楽曲という後期、という3つの時期に大きく分かれます。

初期のピアノ曲の代表作は『謝肉祭』、「歌曲の年」の代表作には『詩人の恋』、後期の管弦楽曲の代表作には交響曲第3番『ライン』が挙げられます。この『ライン』は統一に邁《まい》進《しん》するドイツの国家事業としてのケルン大聖堂の建築に霊感を得たと言われます。

数多くの名作を生んだシューマンですが、晩年は精神を病み(梅毒の影響とも言われます)、ライン川に身を投げる自殺未遂を図り、幻覚に悩まされながら亡くなります。

シューマンの代表曲

『謝肉祭』
(1833〜1835)

シューマンの初期の名作(作品番号9)である『謝肉祭』は、かつて恋した相手(結婚相手のクララではありません)の出身地の地名である「アッシュ」をアルファベットであらわしたときの「A・S・C・H(ラ・ミ♭・ド・シ)」という音の並びを骨格として曲を作る、という、文学青年らしい(少しマニアックな)作曲の方法をとっています。曲は「カーニバル」の名の通り、さまざまな人物や情景が音楽で描かれ、その人物の中にはショパンやパガニーニ、そしてのちに妻となるクララなどもいます。

シューマンの代表曲

交響曲第１番『春』
（1841）

シューマンにとって、もっとも重要な人物は妻であるクララ・シューマンの存在です。1840年にようやく結婚したという喜びの中で、シューマンはその翌年にかけて作品を量産しています。こうした中で作曲されたのが、この交響曲第１番『春』です。全編にわたって、明るさと爽やかさに満ちた、まさに「春」というイメージの曲です。第１楽章の、喜びが爆発するような展開は、聴く者の心までウキウキさせると思います。

「小気味いい」曲を多く作曲した早熟の天才 メンデルスゾーン（1809〜1847）

モーツァルトやシューベルトは「早熟」とよばれる作曲家ですが、メンデルスゾーンも負けず劣らず早熟な音楽家で、「神童」とよばれました。17歳のときに作曲した『夏の夜の夢』序曲は現在でも名曲のひとつとされ、多くのオーケストラで演奏されています。

メンデルスゾーンの曲は明快で「聴きやすい」曲が多く（「小気味いい」という言葉がぴったりです）、情景が目に浮かぶような曲が多いことが特徴です。『ヴァイオリン協奏曲』、劇付随音楽『夏の夜の夢』の「結婚行進曲」、交響曲第3番『スコットランド』、交響曲第4番『イタリア』、演奏会用序曲『フィンガルの洞《どう》窟《くつ》』などが代表曲です。父の代でプロテスタントに改宗していますが、ユダヤ系の家系であったことから批判されることも多く、死後、ナチス・ドイツからその作品の上演を禁止されたこともあります。

メンデルスゾーンの代表曲

劇付随音楽『夏の夜の夢』序曲
（1826）

「早熟の天才」であったメンデルスゾーンの、初期の代表作が17歳で作曲した『夏の夜の夢』序曲です。『夏の夜の夢』には、34歳で作った劇付随音楽がありますが（「結婚行進曲」が有名です)、序曲から17年遅れで「本編」のほうが作曲されたことになります。序曲は17歳の曲とは思えないほど完成度が高く、神秘的な冒頭や、妖精が跳ね回る軽やかな表現など、すでに他の作曲家とは違う、メンデルスゾーンの際立った個性が発揮されています。

メンデルスゾーンの代表曲

交響曲第４番『イタリア』
（1831～1833）

メンデルスゾーンは20歳のとき、イギリス、オーストリア、イタリア、スイス、フランスを旅して回る演奏旅行に出かけています。この旅行でのヨーロッパの各地の印象が、のちの作品のイメージのもとを作っています。交響曲第４番『イタリア』は、光降りそそぐイタリアの陽光のイメージと切れのある爽やかな音楽がマッチしており、メンデルスゾーンの曲に共通する「小気味のよさ」「ノリのよさ」がもっとも味わえる曲です。

オーストリアからの解放を求め始めたイタリア

オーストリアからの支配を受けたイタリア

ドイツと同じように、イタリアも中世からずっと小国家に分かれ、統一感のない地域でした。ナポレオン戦争のときに、イタリアは一時的にナポレオンの支配下に入りました。

その後、イタリアに強い影響を与えるようになったのがオーストリアです。もとから「神聖ローマ帝国」の皇帝を輩出していたオーストリアはイタリアに影響力を及ぼし続けており、第5章でお話ししたようにナポレオン戦争以前にもミラノを獲得していましたが、ナポレオン戦争後のウィーン会議ではヴェネツィアなどの北東部もオーストリアに与えられ、さらに支配力を増すこととなりました。

それに加えて、オーストリアはイタリア中部の各都市にも軍隊を駐留させ、イタリア全体ににらみを利かせていました（イタリア南部の王も、オーストリアとの深い血縁関係がありました）。19世紀のイタリアは、「オーストリアに支配されている感」が非常に強かったのです。

もちろん、イタリアの民衆もフランスやドイツと同じように、自由や平等、オーストリアからの解放を求めて暴動や蜂起を起こすのですが、オーストリアの軍が介入して鎮圧されてしまいます。

19世紀のイタリア・オーストリアを題材にした曲

ヨハン・シュトラウス１世　『ラデツキー行進曲』（1848）

オーストリアに支配されている19世紀前半のイタリアの状況を、オーストリア側から描いたのが、このヨハン・シュトラウス１世が作曲した『ラデツキー行進曲』です。オーストリアの名将ラデツキーはイタリア人のオーストリアに対する独立運動を鎮圧するために連戦を重ねていました。このラデツキー将軍をたたえたのが、この曲です。この曲は現在でも、オーストリアを象徴する定番曲となっています。

◆快活なオペラを多く作曲した ロッシーニ（1792〜1868）

初期ロマン派の、イタリアのオペラ作曲家といえばこのロッシーニです。ロッシーニの活躍した時代は、ドイツのロマン派「第1世代」と同時代にあたります。

　ロッシーニが残した曲は、名作『セビリアの理髪師』『アルジェのイタリア女』『ウィリアム・テル』『絹のはしご』など、序曲だけでも一度は聴いてほしい名作だらけです。はつらつとして、ウキウキするような表現が巧みで、快活な雰囲気を持続させながらだんだん音を大きくする息の長いクレッシェンド（いわゆる「ロッシーニ・クレッシェンド」）を多用したことで知られます。

　ロッシーニはイタリアのボローニャ、ヴェネツィア、フィレンツェ、ナポリ、フランスのパリと多くの劇場から招かれ、オペラを作曲しました。特に、パリでは大歓迎を受け、フランスの国王シャルル10世の即位に際してはロッシーニが曲を寄せ、国王から「フランス国王の第一作曲家」の称号と生涯の年金を得ることになります。

ロッシーニが生きた当時のイタリアは、北部をオーストリアに支配されており、イタリア国民は総じて反オーストリア感情を持っていました。そのためロッシーニも、オーストリアのハプスブルク家からスイスを独立させようとするウィリアム・テルをオペラの題材にしたり、オペラ『アルジェのイタリア女』では、アルジェリアの太守の奴隷にされたイタリア人たちを解放する筋書きとなっていたりと、曲の端々《はしばし》にイタリアのオーストリアからの解放を訴える愛国心も見え隠れします。独立への讃歌を書き、オーストリアの警察から疑いをかけられることもありました。

『ウィリアム・テル』を37歳で書いてからは、残りの39年の人生の中でオペラは1曲も書くことはなく、半ば引退したようになります。晩年はフランスの年金を受け、比較的裕福に暮らすことができました。美食家としても知られ、牛のヒレ肉にフォアグラやトリュフを合わせる、いわゆる「ロッシーニ風」の料理にその名を残していることでも知られます。

ロッシーニの代表曲

歌劇『セビリアの理髪師』序曲

（1816）

18世紀のフランスの劇作家であるボーマルシェが作った喜劇である「フィガロ三部作」の１作目の『セビリアの理髪師』を題材に、ロッシーニが作ったオペラの序曲です（２作目の『フィガロの結婚』はすでにモーツァルトが1786年に作曲しています）。どちらも気軽に聴ける、有名な序曲と有名なアリアがある（お色気ありの）喜劇中の喜劇という感じですので、オペラの入門編としても適していると思います。

19世紀前半のイギリス・ロシア・北欧・東欧

大国として大きな影響力を持ったイギリス・ロシアと支配からの独立を求めた民族・地域

19世紀前半のイギリスとロシア

イギリスにとって、19世紀前半の時代は、「大英帝国」の全盛期の始まりの時代となりました。19世紀初頭のナポレオン戦争の時期は「対仏大同盟」の中心となってフランス軍の上陸をはねのけ、ウィーン会議では南アフリカやスリランカなどを獲得しました。また、アイルランドを併合し、従来から勢力圏内に取り込んでいたインドやビルマの支配も進めていきます。外交面では圧倒的な海軍力を背景に、「**光栄ある孤立**」とよばれる、どの国とも同盟関係を結ばないという政策をとっていました。

他のヨーロッパ諸国が悩まされた、自由や平等を求める民衆の運動については、段階的に自由や権利を与えることで暴動や蜂起を回避してやりすごし、（労働環境は依然として悪く、労働者の不満は溜《た》まっていたものの）比較的安定した時期になりました。

19世紀前半のロシアは、ナポレオンを撃破した「最高殊勲選手」としてヨーロッパに対して大きな影響力を持つことになり、王政を維持する諸国の盟主のような地位を得ることができました。

19世紀初頭にはフィンランドを領有し、ウィーン会議ではロシア皇帝がポーランド王を兼任する形でポーランドを支配することになりました。

この時代のロシア国内は、軍を握る皇帝の強い独裁と、官僚組織によって統治されており、自由や権利を求める動きに対しては弾圧が行われました。

また、この時代のロシアの特徴的な動きは、暖かい海への出口を求めて行われた地中海方面への南下政策です。ロシアにとって地中海の出口にあたるバルカン半島を支配しているオスマン帝国に対して、ロシアはこの時代、紛争に介入することで盛んに揺さぶりをかけています。

◆支配を受けていたフィンランド・ポーランド・ハンガリー・チェコ

この時代に大国に支配されていた側の民族にも触れておきましょう。これらの地域では、ヨーロッパ中に広がっていた自由や平等を求める運動の高まりに、それぞれの民族の独立を求める運動が加わり、大きな社会運動になっていました。

こうした、支配を受けている地域や民族の代表例として、ロシアが支配する**ポーランド**や**フィンランド**、オーストリアが支配する**ハンガリー**や**チェコ**などがありました。特にポーランドやハンガリーでは民族運動が激化し、ロシアやオーストリアによって鎮圧されるという事件が多く起こっています。

また、イタリアは北部をオーストリアに支配されており、オーストリアはイタリアに対して強い影響力を持っていました。オーストリアはさまざまな民族を束ねる多民族国家であり、ハンガリー人やイタリア人の他にもスロヴァキア人、ルーマニア人、セルビア人やイスラーム教徒などがオーストリアに支配されていました。これらの地域の人々の民族独立に対する熱い思いも、この時代の音楽を生み出す原動力になっていました。

◆祖国ポーランドに熱い思いを寄せた「ピアノの詩人」ショパン（1810〜1849）

「ピアノの詩人」ともよばれるショパンはポーランドで生まれ、フランスのパリで活躍した作曲家です。作品の大半はピアノの独奏曲が占めていますが、これはショパン自身が公開演奏会の場に出ることを好まず、社交界のサロンを中心に自作のピアノ曲を披露していた、ということからきています。

ソナタ、ノクターン、バラード、プレリュード、エチュード、即興曲など、さまざまな様式のピアノ曲を作曲しましたが、「マズルカ」や「ポロネーズ」といった祖国ポーランド由来の舞曲も多く作曲しています。

ショパンの生きた時代、ショパンの祖国ポーランドは、ナポレオン戦争のあとに開かれたウィーン会議によってロシアに支配されることになりました。

ポーランドの人々はロシアから独立するための民族運動を展開しており、ロシアに対する武装蜂起も何度も行われていました。愛国者で知られたショパンはパリにあって何度もポーランドの蜂起のことを知らされ、それが鎮圧されるたびに悔しい気持ちになったでしょう（ポーランドに戻り、蜂起に参加しなかったのは体が弱かったからとも、ロシアからにらまれることを避けるため、フランス風の名を名乗り、フランスのパスポートで行動していたからとも言われます）。

ショパンが作曲したピアノ曲は250曲ほどと言われています（さまざまなカウントの仕方があるので、おおむねの数です）が、このうち、「マズルカ」は58曲、「ポロネーズ」は16曲、この他『ポーランド民謡による大幻想曲』など、ポーランドゆかりの曲は全部で70曲以上あります。全部の作品のうち、4分の1ほどがポーランドにちなんだ曲であり、こうした中にもショパンの祖国への思いがうかがえます。

ショパンの代表曲

練習曲　作品10－12(『革命』)
（1831頃）

ショパンの「練習曲」は練習のための曲集でありながら、芸術性の高さで知られます。『革命』の通称を持つこの曲は、演奏旅行でパリに向かう途中、ポーランドの11月蜂起の失敗とワルシャワ陥落の報を聞いたショパンが、やり場のない激しい思いを音楽にしたものと言われています。実際は11月蜂起とこの曲との関連性は薄いようですが、多くの人々がこの曲とポーランドの運命を結び付けたことは事実です。

ショパンの代表曲

ポロネーズ第６番(『英雄ポロネーズ』)
（1842）

マズルカと並び、ショパンの「ポーランド人」としての中心的なレパートリーになったのが、ポロネーズです。ポロネーズとは、まさにフランス語での「ポーランド風」を指し、８分音符と16分音符２つからなる「タンタタ」というリズムを特徴としています。ここで紹介する『英雄ポロネーズ』はショパンの最高傑作とも言われる曲で、長い序奏のあとに登場するメロディの堂々とした印象は、一度聴いたら忘れられないものです。

第8章

ロマン派音楽の時代②

（19世紀後半）

近代国家が出揃い文化の大衆化が進んだ時代

歴史のあらすじ

前章でお話しした1848年のフランス2月革命と、「諸国民の春」とよばれる革命の時代によって、王や貴族が国を一方的に支配する時代は終わりを告げ、国民が政治に参加する仕組みをもつ（はじめは政治に参加できるのはお金持ちや男性だけでしたが）近代国家が出揃いました。それとともに、文化の担い手が市民に移り、文化の「大衆化」が進みます。

国別に見ていくと、産業革命をいち早く達成していたイギリスやフランスは海外市場を求めて植民地獲得競争を行いました。イギリスは**ヴィクトリア女王**のもと、二大政党制が確立し、インドの直接支配やスエズ運河の買収などの植民地政策を展開し、大英帝国の栄光を世界に知らしめました。一方でフランスは、皇帝となった**ナポレオン3世**が積極的な対外進出を行い、ベトナムやアフリカ西部の領有を進めました。ロンドンやパリでは万国博覧会が開かれ、国力を示す場となりました。

多くの小国家に分かれていたドイツでは、政治手腕にすぐれた**ビスマルク**が主導するプロイセンを中心に統一が進み、ドイツ帝国が成立します。この統一ドイツに加われなかったオーストリアはハンガリーに自治を認め、多民族国家としてのオーストリアを再構築します。同じく、多くの小国家に分かれ、北部をオーストリアに支配されていたイタリアでは、オーストリアと戦い、イタリアを統一しようという大きな動きが起きました。その結果、イタリアは統一され、イタリア王国が成立します。

ロシアは、南下政策を本格的に進め、オスマン帝国との大規模な戦争に乗り出します。しかし、クリミア戦争では介入してきたイギリスとフランスに南下を阻止され、ロシア＝トルコ戦争後にはビスマルクの介入により南下を阻まれてしまい、南下政策は滞りました。

アメリカ合衆国はその歴史で最大の危機とも言える南北戦争を乗り越え、近代国家として急成長を遂げます。経済発展著《いちじる》しいアメリカには多くの移民が移り住みました。

音楽のあらすじ

19世紀後半の社会の変化は、音楽の世界にも大きな影響を与えました。近代化に伴う資本家階級や市民階級の成長によって、大衆が聴き手になったため、大衆受けを狙った、心を動かすような、聴き映えのする大規模な曲が好まれるようになります。

オペラの世界では、ドイツやイタリアが「本場」であった重厚なオペラに加えて、パリで**オペレッタ**とよばれるもうひとつの流れができます。オペレッタは「喜歌劇」とも言われ、オペラよりも軽く楽しい、大衆好みの音楽劇のことを指します。フランスの作曲家オッフェンバックが『地獄のオルフェ（天国と地獄）』を発表して大成功をおさめて以来、オペレッタはヨーロッパ各地に広がりました。ウィーンではオペレッタが大流行し、ウィンナ・オペレッタの世紀とも言われる時代が訪れました。

また、植民地の拡大によってアジアの多くの情報がヨーロッパにもたらされ、一種のアジアブームがやってきます。この影響で、アジア風の旋律やリズムを取り入れた曲も多く作曲されました。

ロマン派の「第3世代」と各地で活躍した作曲家たち

19世紀後半の作曲家を大きく2つに分けると、ロマン派の第1世代と第2世代に続く「第3世代」の作曲家たちと、ヨーロッパの各地で花開いた「北欧・東欧・ロシアのロマン派」、すなわち「各地域のロマン派」の作曲家たちに分けられます。

「第3世代」の作曲家たちは、19世紀前半に生まれ、19世紀の後半に主要な作品群を生み出し、第一次世界大戦前までに主要な作品群を生み出した世代です。生まれたときにはすでに、ロマン派の第1世代が盛んに作曲した頃であり、この世代の作曲家はロマン派にどっぷりとつかった「ロマン派ネイティブ」と言えます。曲はロマン派の方向性が進み、総じて大規模なものになり、表現の起伏がさらに大きくなる傾向にあります。

19世紀前半に続き、音楽の中心地はウィーンを中心とするドイツ語圏でしたが、作曲技法はヨーロッパの各地に広がり、東ヨーロッパやロシアを中心にそれぞれの国の音楽が発展しました。こうした背景のもとで活躍したのが「各地域のロマン派」の作曲家たちです。ロマン派の音楽に各地の民族音楽が取り込まれた音楽はそれぞれの地域のナショナリズムと結び付き、時には民族を鼓舞するものとして用いられました。

こうした、北欧や東欧、ロシアなどの作曲家たちはしばしば「国民楽派」とよばれますが、チャイコフスキーはロマン派の本流に位置付けられることもあり、「国民楽派」の中には入れられないことがあるため、本書では「各地域のロマン派」とよぶことにしたいと思います。

この章の舞台
(19世紀後半のヨーロッパ)

ヴィクトリア女王のもと繁栄した「大英帝国」

◆ヴィクトリア女王の時代

19世紀後半のイギリスは、**ヴィクトリア女王**のもと、「ヴィクトリア時代」とよばれる黄金期にありました。1851年に開かれたロンドンの万国博覧会は、「世界の工場」とよばれたイギリスの工業力と技術力を世界に印象づけるイベントとなりました。

この時代のイギリスは、圧倒的な経済力と海軍力を背景に、世界中に工業製品を売る貿易政策を推し進めました。自由党と保守党の二大政党による政治も安定し、選挙権を工業労働者、農業労働者へと徐々に拡大し、社会の各層に自由や権利を保障していきます。

イギリスはこの時代、**アヘン戦争**や**クリミア戦争**、アロー戦争などに勝利し、世界に対する影響力を強めていきます。保守党政権のもとでは1875年に**スエズ運河の株を買収**し、1877年にはヴィクトリア女王を皇帝としてイギリスがインドを直接統治する**インド帝国**が成立します。そして、自由党政権のもとで1882年、エジプトを保護国とし、南アフリカ植民地を拡大します。ニュージーランド、ビルマ、マレーシアなども領有し、この時代のイギリスは「太陽の沈まぬ帝国」と言われました。

19世紀後半のフランス

ナポレオンの甥の帝政を経て再び共和政へと転換するフランス

◆フランスの第二共和政から第二帝政

１８４８年の二月革命により王政が倒れたフランスは、再び王のいない共和政に戻ります。これを**第二共和政**といいます。

第二共和政の時代は、農民と労働者という、２つの階層が対立した時代でした。もっとも貧しい階層である労働者は、土地や工場を国の所有にして、生産物を平等に分配する社会主義的な政策を求めます。一方で農民は、狭くとも自分の土地を持っているので、土地の国有化には強く反対します。

この対立は次第に激しくなり、社会の中で大部分を占める２つの階層が対立することで、社会不安が増大してしまいます。

こうした状況の中で、人々はルイ・ナポレオンという人物に社会不安の解決を期待するのです。この人物は、「ナポレオン」という名前でもわかるように、ナポレオンの一族で、ナポレオンの甥《おい》にあたります。

１８５２年、ルイ・ナポレオンは民衆の支持を受けて皇帝に就任し、**ナポレオン３世**と名乗ります。

◆対外戦争に勝ち、そして負けたナポレオン3世

ナポレオン3世の時代のフランスは「**第二帝政**」の時代とよばれます。ナポレオン3世は社会不安に対し、公共事業や対外戦争により人気を維持し、社会のさまざまな階層の不満をそらす、という政治を展開しました。ナポレオンは盛んに公共事業を起こし、鉄道建設や工場の建設を行うとともにパリ市街の大改造を行い、現在に残る美しいパリの街並みを作りました。それらの事業の中で労働者に働く場所を与えたのです。一方、農民には土地の所有権を保障しました。

ナポレオン3世の政策のもうひとつの軸は、海外で戦争を盛んに起こして植民地を拡大することにありました。国内のさまざまな不満を、対外戦争の勝利によって「棚に上げる」ことを狙ったのです（オリンピックや大きなスポーツイベントになると、政治的な問題を棚に上げ、国を挙げて自国の選手を応援するようなものです）。当初はクリミア戦争やアロー戦争、インドシナ出兵など、ナポレオン3世のもくろみ通りに成功した戦争もありましたが、メキシコへの大規模な出兵に失敗してからは、ナポレオン3世の威信は大きく低下しました。1870年には、威信の回復をかけてプロイセンと戦いますが、大敗北を喫して、ナポレオン3世自身も捕虜となってしまい、第二帝政は崩壊します。

第二帝政崩壊後のフランスでは「第三共和政」が成立しました。そして、フランスは現在の第五共和政にいたるまで、再び王や皇帝を持つことはなく、共和政の国家であり続けます。第三共和政のもとでも、フランスは積極的な海外進出を行い、チュニジアや西アフリカ、インドシナなどがフランスの植民地になります。

◆ピアノやオルガンを駆使した曲を作曲した サン＝サーンス（1835〜1921）

フランスの作曲家、**サン＝サーンス**は子どもの頃から「フランスのモーツァルト」とよばれる才能を発揮し、13歳でパリ音楽院に入学すると、早くも翌年にはオルガンで音楽院の1等賞を獲得しています。その頃から作曲活動を始め、膨大な数の作品群を残しました。代表曲としては「オルガン付き交響曲」として知られる『交響曲第3番』、木琴が駆使される交響詩『死の舞踏《ぶとう》』、そして組曲『動物の謝肉祭』などがあります。

特に、『交響曲第3番』は鳴り響くパイプオルガンの強奏が印象的な曲です。ピアノも効果的に使われており、ピアノ奏者やオルガン奏者として有名なサン＝サーンスならではの曲となっています。また、『動物の謝肉祭』はさまざまな動物の様子がコミカルに表現されている組曲です。中でも「白鳥」はチェロの独奏で奏でられる非常に有名な曲で、チェロ演奏の「定番曲」になっています。

サン＝サーンスの代表曲

交響曲第3番（オルガン付き）
（1886）

この曲は「オルガン付き」と言われるように、パイプオルガンを交響曲に取り入れた曲です。「取り入れた」というどころではなく、第2楽章の後半にパイプオルガンが思い切り鳴り響き、一躍パイプオルガンが主役になる、非常に印象的な使われ方をしています。第1楽章後半でもパイプオルガンの非常に美しいハーモニーを聴くことができます。全曲にわたって聴きどころが多く、飽きない魅力を持った曲です。

サン=サーンスの代表曲

組曲『動物の謝肉祭』より「白鳥」

（1886）

「動物の」というタイトルがあるように、この組曲は楽章ごとに「雌鶏《めんどり》と雄鶏《おんどり》」や「亀」や「象」や「カンガルー」などのタイトルがつけられ、さまざまな動物が音楽で表現されています。中には「化石」や「ピアニスト」など、「動物か？」というものもあり、他の作曲家の曲をパロディにしている部分もあって、ユーモアにあふれた曲です。チェロの独奏で奏でられる「白鳥」はこの組曲の中でももっとも有名で、非常に美しい曲です。

◆名曲を残すが生前の評価は得られなかった ビゼー（1838～1875）

フランスの作曲家ビゼーは、サン＝サーンスと同様に早熟の才能を発揮し、9歳でパリ音楽院に入学しました。ピアニストになることを期待されましたが、本人はオペラ作曲家を夢見ていました。

しかし、オペラ作曲家としてのビゼーはあまりうまくいかず、30曲以上書いたオペラは『カルメン』以外は現在、ほとんど知られていません。劇付随音楽の『アルルの女』や歌劇『カルメン』など、現在では名曲中の名曲とされる曲でも初演はうまくいきませんでした。交響曲も生前には一度も演奏されることなく、36歳という短い生涯を終えました。

『アルルの女』では嫉妬に狂った主人公が身を投げて死に、『カルメン』では嫉妬に狂った元恋人に主人公が殺されるというように、嫉妬や激情が絡む筋書きがのちの「ヴェリズモ・オペラ」の流行につながります。

ビゼーの代表曲

劇付随音楽『アルルの女』より「ファランドール」
（1872）

「アルルの女」に恋をした男が、他の男と駆け落ちすることを聞き、嫉妬のあまり身を投げるという悲劇にビゼーが音楽をつけたもので、現在では組曲の形で聴かれることが多いです。南フランスの農村を舞台とした、のどかで明るい曲が多いのですが、物語自体は悲劇なのです。中でも、もっとも有名な「ファランドール」の場面では、祭りの明るい雰囲気の中で、主人公が身投げするという、明るさと暗さの対比が見どころとなっています。

ビゼーの代表曲

歌劇『カルメン』より「闘牛士」
（1873～1874）

「第１幕の前奏曲」「ハバネラ」「ジプシーの歌」「闘牛士の歌」など、名曲揃いのこのオペラですが、初演は不評でした。しかし、死の直後にビゼーの友人が改作して再演したところ好評を博し、その後のオペラの定番曲になります。声楽付きのオペラのみならず、オーケストラのみの組曲が作られ、そちらも頻繁に演奏されます。とても有名な「闘牛士」を聴くだけで、スペインの闘牛士の世界に引き込まれます。

名宰相ビスマルクが登場しプロイセンのもとドイツが統一される

◆プロイセンを中心に統一が完成したドイツ

ドイツに目を移すと、それまで小国家の連合体であったドイツに、いよいよ統一の時がやってきます。ドイツには、プロイセンとオーストリアの2大国がありましたが、ドイツの統一の中心になったのは**プロイセン**です。オーストリアは「ドイツ民族」の国家でありながらも、その支配地にハンガリー人やチェコ人を抱えているため、「ドイツ民族」としての統一国家の建設に反対の立場をとっていました。

そこで、プロイセンはオーストリアを除くドイツの統一を目指します。プロイセンの首相**ビスマルク**は「鉄血政策」を唱えて軍備を増強するとともに、オーストリアを挑発して**プロイセン＝オーストリア**戦争を起こし、オーストリアを破って、ドイツ統一の運動からオーストリアを排除します。

そしてプロイセンは、フランスを挑発して**プロイセン＝フランス戦争**を起こし、フランスという共通の敵を持つことで、統一ドイツに加わろうとしなかった南ドイツの国々を味方に引き込みました。プロイセン＝フランス戦争の結果は、ナポレオン3世を捕虜にし、パリを包囲するという大勝利でした。ここに、プロイセンを中心にドイツの統一が完成し、１８７１年に**ドイツ帝国**が成立します。

「二重帝国」となったオーストリア

プロイセンによってドイツの統一から「外された」格好となったオーストリアは、東ヨーロッパに支配の重心を置くようになります。ハンガリーに大幅な自治権を与え、**オーストリア＝ハンガリー帝国（二重帝国）**とすることで、支配しているハンガリー人の不満を抑えて、支配地域の安定を図ったのです。

こうして、オーストリアは「中央ヨーロッパの帝国」としての性格が一段と強くなり、オーストリアの都ウィーンはそのような中欧文化の中心地として繁栄を続けました。

19世紀末のウィーンには、それまでの美意識に不道徳さや不健全さの要素を匂わせるという特徴を持つ、「世紀末」の文化が花開きます。

超絶技巧《ぎこう》で人々を魅了した「ピアノの魔術師」リスト（1811〜1886）

ハンガリー生まれの作曲家**リスト**は、若くからピアノ演奏の才能を発揮し、ヨーロッパ中で演奏活動を行いました。ホールに人々を集め、リサイタルという形で演奏を行い、聴衆を熱狂させました。

ショパンが「ピアノの詩人」ならば、リストは「ピアノの魔術師」と言われるほどの超絶技巧の持ち主で、そのハンサムなルックスとあいまって女性にアイドル的な人気があり、女性ファンが興奮のあまり失神したというエピソードがあります。

ショパン、メンデルスゾーン、グリーグらとも親交があり、彼らが作曲した高難度の曲を初見でやすやすと弾きこなし、作曲家たちも舌を巻くほどの技術を持っていたといいます。こうした格別な技巧を持つ演奏家の

リストの代表曲

『ハンガリー狂詩曲』第２番

（1847）

リストが作曲したピアノ曲の代表として、『ハンガリー狂詩曲』の第２番が挙げられます。リストはハンガリーへの２度の演奏旅行の際に収集した素材を使って、19曲のハンガリー狂詩曲を作曲しました。そのうち、もっとも有名なものがこの第２番です。哀愁を帯びた緩やかな部分から、華やかで激しい舞曲に受け継がれるというハンガリーの音楽をもとにした構成をとっており、技術的にも難易度の高い曲です。

リストの代表曲

交響詩『前奏曲』

（1848～1854）

交響詩という新しいジャンルを切り拓いたリストは、交響詩を13曲残しています。それらの交響詩の中でもっとも有名なものが、19世紀に活躍したフランスの詩人で政治家でもあるラマルティーヌの詩の一節、「人生とは死の前奏曲に過ぎない」という部分を題材にした交響詩『前奏曲』です。行進曲風のフレーズに、運命に抗いながらも前進しているようなイメージを想像することができます。

ことをヴィルトゥオーソといい、リストの他、ヴァイオリニストのパガニーニなどがよく知られています。

リストは作曲家としてオーケストラのレパートリーにも革新的な働きをしました。それが、「交響詩」の作曲です。リストが考案したと言われるこの新しい音楽の形は、文学や詩などの世界を、ひとつの楽章のオーケストラ曲で表現するというものです（のちに複数の楽章の交響詩も登場します）。

リストはハンガリーの出身であることから『ハンガリー狂詩曲』や『ハンガリー幻想曲』などの曲も多く作曲していますが、当時のハンガリーはオーストリアの支配下に入ってから１００年以上がたち、何度かハンガリーの民族指導者による蜂起はあったものの、おおむねオーストリアの影響力のもとにありました。オーストリアはドイツ語圏にありましたので、ハンガリーの人々の中には生まれながらにドイツ語を話し、ドイツ語での会話を行っていた人々も多くいました。リスト自身もオーストリアのウィーンを中心に活躍しており、「ハンガリーの作曲家」というよりは、ドイツ音楽の流れに位置付けられます。

◆軽快なオペレッタと魅力的な序曲を作曲したスッペ（１８１９～１８９５）

ウィーンで活躍したオペレッタの代表的な作曲家といえば、この、スッペです。スッペはフランスで活躍していた作曲家であるオッフェンバックのオペレッタ（『地獄のオルフェ（天国と地獄）』の「カン・カン」で有名です）に触れ、ウィーンでオペレッタの作曲を開始し、30曲以上のオペレッタを作曲しました。スッペは「ウィンナ・オペレッタの父」とも言われます。

オペレッタ全体もさることながら、序曲だけを取り出して聴いても非常に楽しい曲が多く、その多くが現在もコンサートで取り上げられています。『軽騎兵《けいきへい》』『ボッカチオ』『詩人と農夫』などが代表曲です。

スッペの代表曲

喜歌劇『軽騎兵』序曲

（1866）

この曲は、1750年代の南ドイツの軽騎兵をテーマにしたオペレッタの序曲です。そのころの南ドイツといえば、オーストリアやプロイセン、フランスなどの大国の抗争のはざまにあり、そのどちらにつこうかと悩む小国たちがたくさんありました。このオペレッタの主人公も、そうした中で軍役についた兵士と考えられます。この序曲だけを聴いても、騎兵の軽やかな行進や勇ましさなどがよく表現されており、聴いていて楽しくなるような曲です。

◆親の反対を押し切り「ワルツ王」となったヨハン・シュトラウス２世（１８２５～１８９９）

ウィーン郊外の町で生まれた**ヨハン・シュトラウス２世**の父親は「ワルツの父」とよばれた高名な音楽家（ヨハン・シュトラウス１世）でした。しかしながら、父から音楽教育を受けたというわけではなく、父は子が不安定な職業である音楽家になることを好まず、銀行家になるための勉強をさせていました。

ヨハン・シュトラウスは音楽家にあこがれていたため、母はひそかにヨハン・シュトラウスにヴァイオリンと作曲を学ばせました。しかし、父にヴァイオリンを弾いているところを見つかってヴァイオリンを叩き壊される、ということもあったようです。

それでも父の反対を押し切って、ヨハン・シュトラウスは音楽を学び続けます。そして、１８４４年に作曲家デビューを果たして大成功をおさめ、父を超える名声を獲得しました。

１８４８年にはウィーンの三月革命に際し、革命を

ヨハン・シュトラウス２世の代表曲

ワルツ『美しく青きドナウ』

(1867)

「オーストリア第２の国歌」と言われることもある曲で、５つのワルツ(ズン・チャッ・チャッのリズムを持つ３拍子の舞曲)が連結されたような構造を持っています。この曲が作曲されたのは、オーストリアがプロイセン＝オーストリア戦争に負けた翌年であり、当初は「時勢なんて気にするな」というような歌詞がつけられて盛んに歌われ、その後、何度か歌詞が変わりましたが、最終的にドナウ川の美しさをたたえる歌詞がつけられました。

ヨハン・シュトラウス２世の代表曲

オペレッタ『こうもり』序曲

(1874)

ヨハン・シュトラウスの代表的なオペレッタがこの『こうもり』です。「オペレッタの王様」と言われるほど有名な曲で、ウィーンの国立歌劇場では大晦日《おおみそか》に『こうもり』を公演することが恒例になっています。大金持ちのアイゼンシュタインを、登場人物のみんながだます(主人公が仮面をつけた自分の妻を口説いてしまうというのが、いちばんの「どっきり」です)というドタバタ劇です。序曲が特に有名で、オペレッタの聴きどころを集めたような楽しい曲です。

後押しするような曲を書いた一方で、その後はハプスブルク家の皇帝たちに献呈《けんてい》する曲を多く作曲しています。ヨハン・シュトラウスのもとには作曲依頼が殺到し、非常に多忙だったようです。代表作にはオペレッタの『こうもり』、ワルツ『美しく青きドナウ』『皇帝円舞曲』などがあり、どれも聴きやすく、魅力的なフレーズにあふれる曲です。

◆古典派の伝統を受け継ぎ絶対音楽で勝負したブラームス（1833〜1897）

ドイツに生まれ、ウィーンで活動したブラームスは、ロマン派の流れに対してそれまでの作曲家とは違ったスタンスをとりました。ロマン派の音楽は文学との関連性を示したり、心情をあらわしたり、独立を訴えたりする「テーマ性」を持つものが中心のため、何らかのタイトルを持つ「標題音楽」が多いのですが、ブラームスは古典派の伝統を受け継ぎ、「交響曲第○番」「ピアノ四重奏曲第○番」など、曲想を示すタイトルを持たずに音楽の構成や旋律美そのもので勝負する「絶対音楽」中心で勝負したのです。

ブラームスが作曲した4曲の交響曲はタイトルを持たない「絶対音楽」ですが、いずれもクラシック音楽史上に輝く名曲揃いです。室内楽曲やピアノ曲も多くが『ピアノ五重奏曲』や『弦楽六重奏曲』『クラリネット五重奏曲』『8つの小品』など、標題を持たないものが大多数ですが、聴いてみるといずれも渋みのある、情感をそそられる名曲であり、ブラームスもロマン派の中に位置付けられる作曲家であることがわかります。

ブラームスはどちらかといえば「大器晩成」型の作曲家で、43歳で完成した『交響曲第1番』の作曲には、20年以上の歳月がかかりました。古典派の流れを受け継ぐ作風を持つブラームスにとって、ベートーヴェンを受け継ぎ、それを超えるような名作を作るには、それだけの時間がかかったのではないかと言われています。

ブラームスの代表曲

交響曲第１番
（1855～1876）

ベートーヴェンの「交響曲第10番」とも評されるブラームスの第１番は、その評の通り、ベートーヴェンの交響曲のような構成を持つ、古典派の流れを受け継ぐものです。しかし、ロマン派ならではの息の長い、情感あふれる旋律もあります。20年以上の歳月をかけただけのことはあり、冒頭から終結まで、１音も無駄がない、聴く人の耳をとらえて離さない魅力があり、第４楽章には全オーケストラ曲随一と言われる名旋律があります。

ブラームスの代表曲

クラリネット五重奏曲
（1891）

ブラームスの代表曲には、４つの交響曲や『大学祝典序曲』などのオーケストラ曲が挙げられますが、多くの室内楽曲やピアノ曲も残しています。その多くが特定の標題を持たない「絶対音楽」なのですが、この『クラリネット五重奏曲』も、そのような絶対音楽の室内楽曲です。美しい、愁いを帯びた冒頭から、クラリネットの音色の魅力が十分に味わえます。絶対音楽だからこそ、旋律や音色そのものの美しさに集中できるのだと思います。

◆「楽劇」を生み出した音楽の革新者ワーグナー（1813〜1883）

ドイツの作曲家であるワーグナーは、同年代に活躍したブラームスが「古典に回帰した」と言われることとは対照的に、従来の音楽のあり方を「一歩進めた」と言われる作曲家です（ブラームスの保守性とワーグナーの革新性は、よく対比されて語られます）。

ワーグナーはオペラを中心に作曲活動を行いましたが、ワーグナーのオペラは「楽劇」とよばれ、ゲルマン民族の神話を題材にした文学的なストーリーに演劇、舞踊や美術などの要素をミックスした「総合芸術」と言えるものでした。ワーグナーの曲は大作揃いであることでも知られ、代表作として知られる『ニーベルングの指輪』は上演に4夜もかかります。

このような大作を聴かせるために、ワーグナーは音楽の構造も新しいものに変えていきます。それまでのオペラが「レチタティーヴォ」「アリア」のように、「状況を説明しておいて、歌手が歌い上げる」というような、区切りを設ける構造であったのに対し、ワーグナーは（初期のオペラは必ずしもそうとは言えませんが）1幕の間、音楽の流れを止めずに、ずっとストーリーが発展し続けるような手法をとりました。

また、特定の役や状況には決まった旋律をあてがい、その人物や状況が登場したことを知らせるライト・モティーフという手法も生み出しました（このテーマが登場すると、ダース・ベイダーが登場するシーンになったとわかる、映画『スター・ウォーズ』における「帝国のマーチ〈ダース・ベイダーのテーマ〉」のようなものです）。また、和音のうえでも、目まぐるしく転調したり、長調でも短調でもないような複雑な和音を使用するなどの革新性が見られます。

ワーグナーの代表曲

楽劇『ワルキューレ』から「ワルキューレの騎行」
（1854～56）

多くの大作を作曲したワーグナーの中でも、『ニーベルングの指輪』はとりわけ巨大な作品で、この楽劇を完全に上演するには、４夜にわたる連続公演が必要です。全世界を支配する力を持つ指輪をめぐる英雄や神々の話で、全体は『ラインの黄金』『ワルキューレ』『ジークフリート』『神々の黄昏《たそがれ》』の４つの部分からなっています。この「ワルキューレの騎行」は『ワルキューレ』の第３幕の前奏に用いられる女戦士の勇ましさを表現した非常に印象的な音楽です。

ワーグナーの代表曲

楽劇『ニュルンベルクのマイスタージンガー』序曲
（1862～1867）

非常に重厚な『ニーベルングの指輪』の作曲はとても時間がかかりました。ワーグナーはその作曲の合間に、ニュルンベルクの「マイスタージンガー（親方歌手）」たちの歌合戦をテーマにした喜劇を作曲しました。それがこの『ニュルンベルクのマイスタージンガー』です。歌合戦でライバルと恋人を取り合い、そして結ばれるという筋書きですが、この曲も歌合戦の序曲らしく、次々と名旋律がやってくる、聴きどころの多い曲です。

◆オルガンの重厚な響きを交響曲で表現したブルックナー（1824〜1896）

ブルックナーはオーストリア第3の都市であるリンツ郊外の町に生まれました。

ブルックナーはパイプオルガンの名手として名高く、リンツの大教会のオルガニストが亡くなったとき、オルガニストの採用試験の場に居合わせたブルックナーは、突然の指名により即興演奏を行い、その圧倒的な腕前によって大教会のオルガニストの地位を獲得したといいます。ブルックナーは教会を舞台に宗教音楽を中心に作曲を行いましたが、40歳を過ぎる頃から交響曲の作曲に集中するようになります。

ブルックナーの交響曲はパイプオルガンのような重厚な響きが連続する、他の作曲家にはない際立った個性があります。曲も長く、決して聴きやすい「入門編」というわけではありませんが、パイプオルガンの強奏のようなクライマックスに到達したときに得られる「達成感」は大きなものがあります。

ブルックナーの代表曲

交響曲第８番　第４楽章
（1884〜1887）

ブルックナーの交響曲は長大、重厚な曲が多く、この『交響曲第８番』も、演奏時間が70分、あるいは80分を超えることもある非常に長い曲です。この曲の第４楽章の出だしは、金管楽器のファンファーレ風の印象的なもので、ブルックナーが得意としたパイプオルガンの強奏のような響きが味わえます。時折、穏やかなフレーズが登場し、そこから徐々に音楽が高まり、壮大なクライマックスに導くブルックナーの魅力を感じ取ることができます。

◆ロマン派の末期を代表する耽美的で雄大な曲を残したマーラー（1860～1911）

19世紀末になり、20世紀の足音が近づいてくると、ロマン派の音楽はさらに発展し、それまでの音楽の常識を超える「前衛的」なものになっていきます。たとえば、わざと和音を濁《にご》して聴く人を不安にさせ、その後に感動的な旋律を用いて「感情の起伏」を極端に表現したり、音楽がいつまでも切れず、ひたすら深みにはまっていくような陶酔感を与える表現をしたり、わざとグロテスクな表現を用いたりするのです。

そうしたロマン派末期を代表する作曲家が、ウィーンを中心に活動した**マーラー**です。マーラーは思いの丈を大規模なオーケストラでぶつけ、感動的なクライマックスに導く壮大な作風を持ち、1時間を超えるような大規模な交響曲を作曲しました。また、前衛的な曲だけではなく、『交響曲第5番』の第4楽章（アダージェット）のように、非常に美しい部分もあるのもマーラーの曲の魅力です。

マーラーの代表曲

交響曲第２番『復活』　第５楽章

（1888～1894）

マーラーの交響曲には大規模なものが多く、中には声楽を伴った交響曲もあります。この交響曲第２番『復活』も合唱を伴う、非常に大規模な曲です。生きることへの葛藤の場面が示されたのちに、最終楽章で高らかに歌い上げられる『復活』のテーマは、非常に感動的で心を揺さぶられます。舞台裏に配置され遠くから響く楽器や、合唱から独唱の声が浮かび上がるような表現など、さまざまな音楽の仕掛けも聴きどころです。

オーストリアに打ち勝ち、イタリアが統一を達成する

◆サルデーニャ王国を中心に統一されたイタリア

小国家に分かれ、しかも北東部をオーストリアに支配されていた状況のイタリアでしたが、この時代にオーストリアからの自立と統一を求める運動が盛んになります。その中心になったのが、イタリア北西部の**サルデーニャ王国**です。サルデーニャでは首都のトリノを中心に工業化が進み、イタリアの国家の中でも頭ひとつ抜けていたのです。

サルデーニャはクリミア戦争に参加してイギリスやフランスとともに戦って連携を深め、フランス軍の力を借りてオーストリアに戦いを挑んでこれに勝利し、イタリア北東部を手に入れます。

イタリア中部の国々はこの情勢を見てサルデーニャへの併合を望み、サルデーニャはこれを認めて中部イタリアを手にします。

南イタリアは軍事指導者のガリバルディが登場し、「赤シャツ隊」という私設の軍隊を組織してシチリアやナポリを占領し、その占領地をサルデーニャ王に献上します。こうして、1861年にサルデーニャ王のもとにイタリアの統一がほぼ完成し、**イタリア王国**が成立することとなります。

イタリア統一のシンボルとなった曲を作曲したヴェルディ（1813〜1901）

ワーグナーがドイツ・オペラに革新をもたらしていたころ、イタリアでは**ヴェルディ**の作ったオペラが人々を魅了していました。

イタリアにはバロック時代から始まり、ロマン派のロッシーニ、ドニゼッティ、ベッリーニらに続くオペラの伝統がありました。ヴェルディはそのイタリア・オペラの伝統を引き継ぎ、さらに高度に完成させた作曲家です。

ヴェルディのオペラは情熱的で力強い表現が魅力で、『椿姫』や『アイーダ』などがよく知られています。特に、ヴェルディの出世作となったのは3作目のオペラ、『ナブッコ』です。バビロニアに支配されるユダヤ人とそこからの解放をテーマにしたオペラの『ナブッコ』は、オーストリアの支配を脱し、自分たちのイタリアを取り戻したいというイタリアの人々の思いとも重なり、イタリア統一のシンボルとなりました。

ヴェルディの代表曲

歌劇『椿姫』より「乾杯の歌」
（1853）

『椿姫』はヴェルディの代表作のひとつで（『椿姫』は原作の題で、ヴェルディのオペラのもともとの題は『道を誤った女』という意味のタイトルです）、「高級娼婦、だけど純愛」というのが、この作品の観どころとなっています。この「乾杯の歌」が歌われるのは、主人公のアルフレードとヒロインのヴィオレッタが出会う、第１幕の序盤のパーティーの場面です。３拍子の音楽に乗せて、アルフレードの歌にヴィオレッタが加わり、二重唱になります。

ヴェルディの代表曲

歌劇『アイーダ』より「凱旋行進曲」

（1870）

古代エジプトを舞台とした『アイーダ』は、オスマン帝国から自立したエジプトの総督の依頼により、ヴェルディが作曲しました。古代エジプトを舞台にした悲恋物語で、捕虜の身で奴隷となっている敵国エチオピアの王女アイーダに恋をしたエジプトの将軍ラダメスの悲劇を中心に、物語が作られています。この「凱旋行進曲」は、第２幕で演奏されるもっとも有名な曲で、よくサッカーの応援歌などにも用いられています。

◆「昼ドラ」のような市民たちの恋愛模様を描いたプッチーニ（1858〜1924）

ヴェルディらによるイタリア・オペラの隆盛を受け、イタリア・オペラの新ジャンルを開拓したのがプッチーニ、マスカーニ、レオンカヴァッロらの作曲家です。

ヴェルディの45歳年下のプッチーニはヴェルディの『アイーダ』に触れ、オペラ作曲家になることを目指しました。

プッチーニが開拓した新ジャンルのひとつは、『蝶々夫人』『トゥーランドット』などの異国趣味を取り入れた作品です。異国趣味が取り入れられた背景には、19世紀末の帝国主義の進展があります。アジアの情報がヨーロッパにもたらされ、アジア風の旋律やストーリーを用いた作曲家が登場したのです。

中でも、プッチーニによる『蝶々《ちょうちょう》夫人』の「ある晴れた日に」、『トゥーランドット』の「誰も寝てはならぬ」は、数あるオペラのアリアの中でも1、2位を争う人気を誇っています（『蝶々夫人』は、明治期の日本を題材にした悲恋物語、『トゥーランドット』は中国や中央アジアを題材にした、トゥーランドット姫と王子の恋物語です）。

プッチーニが開拓したもうひとつのジャンルは、『トスカ』や『ラ・ボエーム』など、同時代の人々の恋愛模様や人々の生活を描いた「ヴェリズモ・オペラ」というものです。それまでのオペラは文学作品や歴史上の事件を扱ったものが中心でしたが、プッチーニらは庶民たちの（ドロドロとした）ラブストーリーを「昼のドラマ」のように描いたのです。

プッチーニ自身の人生は波乱に富んでいました。既婚女性と恋愛関係に落ち、その夫がさらにその愛人の夫に殺害されたという事件が起き、その後も妻にプッチーニとの関係を疑われた小間使いが自殺したりと、自らのオペラのようにスキャンダルにあふれたものでした。居住地を追われ、困窮したこともありました。

プッチーニのみならず、同時代の作曲家マスカーニの『カヴァレリア・ルスティカーナ』やレオンカヴァッロの『道化師』などもヴェリズモ・オペラの代表作として知られます。

プッチーニの代表曲

歌劇『ラ・ボエーム』より「私の名はミミ」

（1893〜1896）

肺の病気を患っているお針子ミミと詩人との恋、そしてミミの死を描いた『ラ・ボエーム』は、プッチーニの代表作として知られ、19世紀の貧しい庶民の生活がよく描写されています。ミミの悲恋と死に、自らの曲ながら作曲したプッチーニも涙したと言われています。この中でも「私の名はミミ」で知られるこのアリアは、第１幕の中で、詩人と初めて出会ったミミが自己紹介をするシーンで歌われます。

19世紀後半のロシア

いよいよ本格的南下を始めたロシア帝国の野望

本格的南下とクリミア戦争の敗北

18世紀頃からロシアは一貫して南下政策をとっていましたが、いよいよこの19世紀後半、凍らない海への出口を求めて、大軍を投じて本格的南下に挑むことになります。

ロシアの南下政策を代表する事件が、1853年の**クリミア戦争**です。ロシアは本格的南下をもくろみ、オスマン帝国に宣戦布告をして南下を開始しました。このロシアの前に立ちはだかったのが、イギリスとフランスです。

もしも、ロシアが地中海へのルートを確保してしまうと考えると、ただでさえ巨大な陸軍国であるロシアが海軍力まで手にすることになり、世界のパワーバランスが一変してしまいます。そこで、イギリスとフランスは協力してオスマン帝国を支援し、ロシアの南下を阻止することにしたのです。クリミア戦争はヨーロッパの大国同士の非常に激しい戦争になりましたが、イギリスとフランスの「ヨーロッパ最強タッグ」にロシアは敗北してしまい、南下政策を阻《はば》まれてしまいました。

クリミア戦争に敗北したことは大きな挫折となり、ロシアは改革を余儀なくされました。古い農奴制が残っているロシアは生産性が低く、工業化をしても労働者が十分に確保できない状況でした。

そこで、ロシア皇帝は**農奴解放令**を発し、農奴に自由を認め、労働意欲の向上と労働者の確保を図りました。しかし、自由を認められたとはいえ農民の生活は苦しく、都市に移住して労働者となる者がいても、その暮らしもまた、苦しいものでした。こうした人々の困窮は、のちに起きるロシア革命の背景となります。

1877年、ロシアに再び南下の機会が訪れます。オスマン帝国が支配していたバルカン半島には、スラヴ系の民族が多く暮らしていました。これらの民族がオスマン帝国からの独立を求めて反乱や蜂起を起こすようになってくると、スラヴ系国家の「親分」のような位置付けであるロシアはこの反乱や蜂起を支持し、オスマン帝国との戦争に持ち込みました。これが**ロシア＝トルコ戦争**です。

この戦争に勝利したロシアは、スラヴ系国家を味方につけ、バルカン半島に大きく進出することになり、地中海への道を確保するかに見えました。

しかし、ここでロシアの進出に反対の声を上げたのが、バ

ロシアの南下政策を題材にした曲

チャイコフスキー『スラヴ行進曲』
（1876）

1876年、オスマン帝国が、支配しているセルビアのキリスト教徒を多数殺害するという事件が起きました。セルビアはロシアにとっては同じスラヴ人であり、ロシアの南下政策の先導役となるべき存在でした。この曲はその事件の犠牲者の追悼とともに、スラヴ系国家を鼓舞するために作曲されました。セルビアの音楽とロシア国歌が使われ、スラヴ民族の勝利を呼びかけています。

ルカン半島に近いオーストリアと、地中海の島々に領土を持っていたイギリスです。この声に対して「仲介」を申し出たのが、ドイツの**ビスマルク**です。ビスマルクは「調停」の形をとりながらロシアの南下を阻止するようにふるまい、その結果、ロシアは南下を取り下げることになりました。ロシアはクリミア戦争に続き、再び南下政策に挫折したことになります（こののち、ロシアは太平洋方面に南下の矛先を転じ、日本と対立して日露戦争が勃発することになります）。

◆ロシアの改革に翻弄されたムソルグスキー（1839〜1881）

ロシアの国民楽派の作曲家たちの代表格とされる、「ロシア五人組」の一員である**ムソルグスキー**は裕福な地主階級に生まれ、幼少期からピアノに親しんでいました。はじめは音楽家ではなく軍人を目指したのですが、「ロシア五人組」の仲間となるメンバーと出会ったことをきっかけに作曲家への道に向かいます。

しかし、ロシアの歴史はムソルグスキーにとって厳しいも

ムソルグスキーの代表曲

組曲『展覧会の絵』（ラヴェル編曲）
（1874・1922）

亡くなった友人の、建築家で画家のハルトマンという人物の遺作展覧会から印象を得て作曲されたのがこの曲です。「プロムナード」（展覧会でいえば「廊下」にあたる部分）と、それぞれの「絵」にあたる部分を交互に演奏することが特徴で、あたかも展覧会にいるような感じがします。一枚一枚の「絵」の曲も、非常に個性的で楽しめます。原曲はピアノ曲ですが、ラヴェルによるオーケストラ編曲でよく知られています。

のになりました。クリミア戦争の敗北後、ロシアは近代化のために農奴解放令を出しましたが、農奴を保有する地主階級であったムソルグスキーの家は農奴を失い、致命的な困窮に陥ってしまうのです。

ムソルグスキーは下級の役人になりますが、経済的な不安は続き、次第に酒におぼれるようになります。晩年はアルコール依存症が重くなり、次第に作曲から遠のきました。ムソルグスキーの曲には専業作曲家にはない粗削《あらけず》りな魅力がある、と言われ、代表作には交響詩『はげ山の一夜』やピアノ組曲『展覧会の絵』があります。

色彩感に富んだ華麗な曲を作曲した リムスキー＝コルサコフ（1844〜1908）

「ロシア五人組」の中で、もっとも成功した人物がこの**リムスキー＝コルサコフ**かもしれません。ムソルグスキーがはじめ、軍人としてのキャリアを積んでいたように、リムスキー＝コルサコフも海軍の軍人として30歳近くまでロシア海軍に所属し、海軍の演習の合間に作曲をしていた「副業作曲

リムスキー＝コルサコフの代表曲

交響組曲『シェヘラザード』

（1888）

リムスキー＝コルサコフの華麗な管弦楽法を思う存分楽しめるのが、この『シェヘラザード』です。『千夜一夜物語』を題材に、シンドバッドの冒険や修行僧の物語、物語の「語り手」である娘シェヘラザードなどのおとぎ話の世界が、色彩感豊かなオーケストラで描かれています（オーケストラの魅力ってどんなところ？と聞かれれば、この１曲をお勧めします）。シェヘラザードのテーマの美しいヴァイオリンの独奏も聴きどころです。

家」でした。しかし、初めの交響曲の初演が成功すると、しばらくして軍を離れ、専業の作曲家になります。

リムスキー＝コルサコフが得意としていたのは管弦楽法です。オーケストラで使用される楽器を組み合わせて多彩な音色を引き出す、「音色のパレット」の使い方に天才的に長けていたのです。音楽の専門教育を受けていないのに、いきなりペテルブルク音楽院から作曲と管弦楽法の教授に任命されたことも、その技術が確かだったことを示しています。

西ヨーロッパの音楽の伝統にロシアの要素を織り交ぜたチャイコフスキー（1840～1893）

ヨーロッパ音楽の歴史の中心から離れていたロシアでは、18世紀頃までは皇帝によってイタリアやドイツの音楽家たちが招かれて活動することが多く、「ロシアの音楽家」の活動はあまり活発ではありませんでした。19世紀になってようやく、グリンカやボロディン、ムソルグスキー、リムスキー＝コルサコフなどの「ロシア五人組」と言われる作曲家たちが登場し、ロシアを題材とした曲が作られ始めたのです。

その「ロシア五人組」と同世代の作曲家である**チャイコフスキー**は、民族性を前面に押し出す「ロシア五人組」の方向性とは違い、西ヨーロッパの音楽の技法を中心に使い、交響曲や協奏曲、室内楽曲など、西ヨーロッパ諸国の主要なジャンルで勝負した作曲家です。もちろん、ロシアの作曲家として、曲の中にロシアの民謡や歌曲の要素も織り交ぜていき、チャイコフスキーならではの非常に魅力的な旋律を生み出しています。

チャイコフスキーを有名にしているのは『白鳥の湖』『眠りの森の美女』『くるみ割り人形』の3大バレエ音楽です。ロシアの舞曲や、ウィーンで流行していたワルツや、ハンガリーの音楽であるチャルダーシュ、ポーランドの舞曲であるマズルカなどを織り交ぜ、舞曲の宝石箱のような曲に仕上げています。

チャイコフスキーの代表曲

バレエ『白鳥の湖』
（1875〜1876）

初演には失敗したものの、チャイコフスキーの死後に再演されて成功し、チャイコフスキーの代表作に数えられています。そればかりではなく、バレエの中でももっとも有名な曲といってよいと思います。悪魔の呪いで白鳥に姿を変えられた王女オデットと、王子ジークフリートとの悲恋を描いた物語です。どこをとっても魅力的な旋律にあふれているのですが、特に、湖のほとりでの白鳥の様子を描いた「情景」の場面が有名です。

チャイコフスキーの代表曲

交響曲第６番『悲《ひ》愴《そう》』
（1893）

チャイコフスキーが書いた７曲の交響曲のうち、最後の作品です。そして、この曲の初演の９日後にチャイコフスキーが亡くなったため、チャイコフスキー自身の「遺書」ではないかなど、さまざまな憶測がなされる曲でもあります。多くの交響曲では、終楽章にテンポの速い曲を置き、盛り上がりを作ることが一般的ですが、この『悲愴』は終楽章に死を予感させるような、テンポの遅い、暗い雰囲気の曲を置いているのが特徴です。

オーストリアに支配されるチェコと躍進するアメリカ その2つを結び付けたドヴォルザーク

オーストリアの「3番手」の民族だったチェコ人

ここで、チェコとアメリカの歴史について触れておきましょう。この両国に関連した有名な作曲家として、**ドヴォルザーク**がいます。

チェコは15世紀あたりから長らく、多民族国家であるオーストリアの一部になっていました。前にもお話ししたように、プロイセン＝オーストリア戦争ののち、オーストリアはハンガリーに自治権を与え、「オーストリア＝ハンガリー帝国（二重帝国）」となっていましたが、これはチェコの人々にとっては不満が残る事件となりました。

なぜなら、多民族国家のオーストリアを構成している民族のうち、約23％のドイツ人、そして約20％の人口のハンガリー人に次いで、3番目に多い約12・5％の人口を抱える民族がチェコ人だったからです。「2番手のハンガリー人には自治を与えるのに、なぜ3番手のチェコ人には自治を与えないのか」という不満がチェコ人の民族意識を生み、それが背景となって、チェコの歴史やスラヴ人の民族音楽を取り入れた曲を作曲したスメタナやドヴォルザークなどの作曲家が生まれたのです。

チェコ人の民族意識を題材にした曲

スメタナ　連作交響詩『わが祖国』より「モルダウ」
(1872〜1879)

「チェコ音楽の父」と言われるスメタナが、オーストリアの支配を受けていたボヘミア(現在のチェコ西部)の情景や伝説をもとに書いた連作交響詩『わが祖国』の中の2曲目がこの「モルダウ」です。チェコ人にとって「母なる川」であるモルダウ川の上流から中流までの情景や、その地ゆかりの伝承などを組み合わせて作られた曲です。この曲はチェコの人々にとって記念碑的な曲になっています。

◆南北戦争を乗り切り躍進したアメリカ

19世紀後半のアメリカが直面したのは、アメリカ最大の危機とも言える**南北戦争**です。

この戦争は、アメリカの北部と南部が貿易政策と奴隷政策をめぐって対立を始め、南部が**アメリカ連合国**を結成して合衆国からの離脱を図ったことに対し、**リンカーン**大統領が率いる北部が分裂の阻止を狙い、戦争に発展したものです。

はじめは南部が優勢でしたが、経済力や工業力に勝る北部は**奴隷解放宣言**で国際世論を味方につけ、次第に優勢になっていきました。そして、北部が勝利したことで南北の分裂が回避され、憲法のうえでは奴隷の解放が達成されました。

南北戦争の危機をしのいだアメリカは、工業が発展し、世界最大の工業国に躍進しました。西部開拓によって農業も発展し、経済成長が進むアメリカには多くの移民が押し寄せました。

アメリカの経済発展は都市化の進行を促し、それによって音楽の聴き手である市民層が増加し、音楽を学ぶ人々も増えていきます。多くのヨーロッパの作曲家が、アメリカの音楽学校などに招かれ、ヨーロッパの音楽の伝統をアメリカに広げることになります。

◆チェコの音楽とアメリカの音楽に橋をかけたドヴォルザーク（1841～1904）

ドヴォルザークが生まれたチェコは、ドイツの神聖ローマ帝国やオーストリアのハプスブルク家の支配を長年受けていた地域でした。

独立を願うチェコの人々の思いは強いものがありましたが、そのような時期に19世紀のナショナリズムとロマン派の潮流《ちょうりゅう》がやってきて、音楽にも影響を与えます。そうした「チェコ国民楽派」の先頭を走ったのが、『わが祖国』を作曲したスメタナや、スメタナの後継者にあたる**ドヴォルザーク**です。ドヴォルザークの曲はチェコの民謡などを取り入れた、親しみやすいメロディラインの曲が多いのが特徴で、代表作のひとつである『スラヴ舞曲集』を聴けば、そのメロディの親しみやすさがわかると思います。

ドヴォルザークの音楽的なもうひとつの特徴は、アメリカでの活動です。ドヴォルザークは50歳でニューヨークのナショナル音楽院の院長に就任し、アメリカに渡りました。当時、アメリカは新興国として急成長を遂げていた時代で、ヨーロッパから芸術家を招き、その文化を盛んに吸収しようとしていました。

チェコの音楽とも類似性のある、アメリカ先住民の音楽の親しみやすいメロディに触れ、改めてチェコの音楽の価値を見出したドヴォルザークは、交響曲第9番『新世界より』、『チェロ協奏曲』、弦楽四重奏曲第12番『アメリカ』などを作曲し、各国で高い評価を受けたといいます。

ドヴォルザークの代表曲

交響曲第９番『新世界より』
（1893）

アメリカに渡ったドヴォルザークが、アメリカという「新世界」から故郷のチェコをしのび作曲されたのがこの交響曲です。全編にわたって哀愁が漂う名旋律だらけで、メロディメーカーとしての才能が遺憾なく発揮されています。いわゆる「家路」のテーマで知られる第２楽章や、第４楽章の冒頭は、誰もが知るクラシック曲の代表です。チェコ人だけではなく、世界中の誰が聴いても不思議と「望郷の念」を感じさせる力がある曲です。

ドヴォルザークの代表曲

チェロ協奏曲
（1894〜1895）

「協奏曲」は、文字通りソロ楽器とオーケストラが協力して音楽を進めていく曲ですが、この、ドヴォルザークのチェロ協奏曲は、そんな協奏曲の魅力が詰まっています。ソロもいいし、オーケストラもいいし、一緒に演奏する部分もいいのです。そして、チェロという楽器の表現力の幅を改めて感じさせてくれます。望郷の念が強かったドヴォルザークが、アメリカを出て帰国する直前に書き上げられました。

19世紀後半の北欧

北欧を代表する作曲家グリーグとシベリウスの作曲の背景

◆ノルウェーとフィンランドが求めた民族の独立

ここで、北欧の動向にも少し触れておきたいと思います。19世紀後半の北欧では、音楽の歴史でも重要な作曲家であるグリーグとシベリウスが登場しました。

中世における北欧の「盟主」的な存在はデンマークでしたが、16世紀にスウェーデンがデンマークから自立すると、スウェーデンが北欧の盟主のような存在になっていきます。スウェーデンは18世紀初頭の北方戦争によってロシアに敗北したものの、19世紀には鉄鋼業や造船業、海運業で発展しました。

フィンランドは16世紀以来スウェーデンの支配下にありましたが、その後ロシアの支配を受けます。ロシア皇帝ピョートル1世の時代にはその一部が、そしてナポレオン戦争後にはその全土がロシアの支配下に入りました。こうした支配の中で、フィンランドの人々は民族の自覚を高め、独立を求めるようになるのです。

一方、16世紀にデンマークからスウェーデンが独立したあとも、**ノルウェー**はデンマークの支配下にありました。ナポレオン戦争が終わると、ウィーン会議で、ノルウェーはスウェーデンに引き渡され、スウェーデンの支配下に入ります。しかし、デンマークとの関係が長かったノルウェーにとっては、スウェーデンとの関係はうまくいかず、次第に独立を求めていくようになりました。

中世の**デンマーク**は強国でしたが、時代が進むにつれて次第にその力を低下させました。特に、ドイツと地理的に近いことから、19世紀半ばにプロイセン・オーストリア両国との戦争に突入し、ドイツ人の多い南部の地方を失い、その力を大きく後退させることになります。

◆北欧の「国民楽派」の代表グリーグ（1843〜1907）

「国民楽派」という言葉が出てくると、第一に挙げられる人物である**グリーグ**は、ノルウェーの代表的な作曲家です。15歳のとき、才能を見出されたグリーグは、ドイツに渡ってライプツィヒ音楽院で学び、デンマークのコペンハーゲンに移って本格的な作曲活動を始めました。

当時のノルウェーは、複雑な状況にありました。ノルウェーは14世紀末から19世紀初頭まで、長らくデンマークの支配下にあり、そのデンマークが19世紀初頭にナポレオン側につ

グリーグの代表曲

劇付随音楽『ペール・ギュント』より「朝」
（1874〜1875）

グリーグが、ノルウェーの作家イプセンの戯曲『ペール・ギュント』のために作曲した舞台音楽です。世界を放浪する自由人のペール・ギュントが繰り広げる冒険譚《ぼうけんたん》が「山の魔王の宮殿にて」「アニトラの踊り」など、さまざまな曲で表現されています。「朝」は、新たな旅が始まるモロッコの海岸の朝の様子を描いたもので、フルートの爽やかなフレーズに始まり、朝の陽光が輝く様子を示す盛り上がりが聴きどころです。

いたため、ナポレオンの敗北と失脚によって、敗戦国となりました。敗戦国のデンマークは反ナポレオンを掲げていたスウェーデンにノルウェーを譲らされることになり、スウェーデンとノルウェーは同じ君主をいただく連合国家（同君連合）になったのです。そのため、19世紀のノルウェーは「デンマークの文化の影響がまだ根強い、スウェーデン支配下の国」という格好でした。こうした文化的背景と、北欧にやってきたロマン主義の波がノルウェーの人々の文学や美術、音楽などに影響を与えたのです。

　コペンハーゲンからノルウェーのオスロに移ったグリーグは、国民的詩人らと親交を持ち、以後はノルウェーを題材にした曲を多く作曲します。代表曲には『ペール・ギュント』や『ピアノ協奏曲』があります。

◆フィンランドを代表する作曲家 シベリウス（1865～1957）

　フィンランドを代表する作曲家であるシベリウスが生まれた当時のフィンランドは、ロシア帝国の支配下にありまし

シベリウスの代表曲

交響詩『フィンランディア』
（1899）

フィンランドを支配下に置いていたロシアが言論の弾圧を行うと、フィンランドの人々は反発し、新聞社主催のフィンランド民族の歴史をテーマにした民族主義的な歴史劇が催されました。『フィンランディア』はシベリウスがその歴史劇のために書いた曲の一部が、交響詩となったもので、重々しい出だしから闘争を呼びかけるような勇ましいテーマ、そして美しい中間部と非常に充実した内容の曲です。この中間部のフレーズはフィンランドの「第２の国歌」と言われます。

た。ロシアは次第にフィンランドをロシアに同化させようと画策していたため、フィンランドの人々のロシアに対する民族的な不満が高まっていました。

ロシアはこうしたフィンランドの民族運動を抑えるため、フィンランドの言論の自由と集会の自由を奪う宣言を発します。この宣言に反発したフィンランド人の民族意識は一気に高まりました。

シベリウスはそんな中、交響詩『エン・サガ』や『カレリア』、そして『フィンランディア』など、フィンランドの民族性を前面に出した曲を作曲しています。また、シベリウスは7曲の交響曲やヴァイオリン協奏曲も作曲しています。これらの曲は、透明感があり瞑想《めいそう》的な、シベリウスならではのものとなっています。

◆世界を植民地分割した欧米列強

この章で紹介した欧米の国々は19世紀後半に世界に進出し、植民地を拡大していきました。特に、アフリカや東南アジアは欧米の国々の植民地化が進んだ地域です。

アフリカではイギリスがエジプトや南アフリカを支配し、アフリカの南北をイギリスの勢力圏で結び付けるアフリカ縦断政策をとり、フランスはモロッコからジブチを結び付けるアフリカ横断政策をとりました。その他にも多くの国々がアフリカに進出し、20世紀初頭にはリベリアとエチオピアを除くアフリカ全域がヨーロッパ諸国の支配下に置かれました。

東南アジアも列強の進出先となり、ビルマ（ミャンマー）、マレーシア、シンガポールはイギリス領、ベトナム、カンボジア、ラオスはフランス領、インドネシアはオランダ領、フィリピンはアメリカ領など、タイを除く全域が欧米諸国の支配下に置かれました。

COLUMN

ミュージカルと映画音楽

「クラシック」以外にも使われるオーケストラの音楽

オーケストラの曲、といえばクラシックのレパートリーを想像しますが、私たちが実際にオーケストラのサウンドを耳にする機会は、テレビ番組のバックにかかっているBGMなどが多いと思います。また、近年ではゲームのバックにかかっているBGMもオーケストラによって録音されたものもあります。

そうした身近なオーケストラ曲の中でも、ミュージカルや映画の音楽の中には「定番曲」「名曲」と言われるものがあり、そういった曲を集めた、プロのオーケストラによるミュージカル音楽や映画音楽のコンサートもよく催されています。

ミュージカル音楽の「古典」的名作

ミュージカル音楽の「古典」として、現在ではクラシック曲の中に数えられることが多いのが、バーンスタイン作曲の『ウエスト・サイド・ストーリー』です。シェークスピアの『ロメオとジュリエット』の舞台を戦後のアメリカに移し、ギャング団の抗争と主人公たちの悲恋を描いて大ヒットしました。ジャズやダンスミュージックを大胆に取り入れた曲が多く、「マンボ」「アメリカ」「クール」「トゥナイト」などの曲がよく知られています。特に、決闘のシーンの直前に「トゥナイト」に乗せて歌われる「五重唱」は2つのギャング団と3人の主役たちの思いが交錯する、非常に印象的なシーンの曲です。

『ウエスト・サイド・ストーリー』の背景にはポーランド系と、プエルトリコ系のグループの抗争があり、

「移民の国」と言われるアメリカの社会問題を切り取った作品としても観ることができます。

ミュージカル音楽の「古典」をもうひとつ挙げると、『サウンド・オブ・ミュージック』の音楽が挙げられます。「ドレミの歌」や「私のお気に入り」「エーデルワイス」などは、よく知られた曲だと思います。「サウンド・オブ・ミュージック」の背景はナチス・ドイツによるオーストリア併合であり、ドイツの支配を受け入れるか、拒否するのかというオーストリア人の葛藤が描かれています。

演奏機会の多いクロード＝ミシェル・シェーンベルクの曲

ミュージカルの曲で演奏機会が多いのは、『レ・ミゼラブル』や『ミス・サイゴン』の曲でしょう。この２つの作品の音楽はともに、クロード＝ミシェル・シェーンベルクが作曲しています。クロード＝ミシェル・シェーンベルクは本書の第９章で紹介しているシェーンベルクの弟の孫にあたります。どちらも大規模で劇的なミュージカルで、音楽だけを聴いても楽しめます。

『レ・ミゼラブル』は１８３０年代の、七月革命から二月革命の間のフランスを扱ったミュージカルであり、自由を求める民衆や、社会の各階層の人々の人間模様が描かれています。本書の第７章と第８章では自由や平等、そして支配からの解放を求める人々の思いが「ロマン主義」を生み出したと説明していますが、ちょうどその頃が『レ・ミゼラブル』の舞台です。歌詞の中でも支配からの解放や、王政を批判するようなものが多くあります。「下を向け」「民衆の歌」などがよく知られています。

『ミス・サイゴン』の音楽を作曲したのも、クロード＝ミシェル・シェーンベルクです。ベトナム戦争によって引き裂かれるアメリカの兵士とベトナム人女性の愛を描いたミュージカルの名作として知られています。ベトナムが舞台ということで、アジアの音階を取り入れた曲も多く、東南アジアの世界観をよくあらわしています。中でも「序曲」や「命をあげよう」「『サイゴン陥落』などの曲が名曲として挙げられます。

映画の代表曲

1895年、パリにおいて、「映画の父」とされるリュミエール兄弟がスクリーンに投影する形の映画を始めて以来、映画は人々の娯楽となり、急速に発展しました。

映画に音楽がつくようになったのは、1920年代です。「トーキー」と言われた「有声映画」が始まり、1928年のウォルト・ディズニーによる『蒸気船ウィリー』はその初期の作品として有名です。その後、多くの名作がディズニー映画から生まれ、映画とともにディズニー音楽の数々も親しまれています。

戦後はハリウッドを中心に映画産業が発達しました。映画音楽の巨匠として知られるのは、『スター・ウォーズ』や『E.T.』『ジョーズ』『ジュラシック・パーク』などの音楽で知られるジョン・ウィリアムズです。ジョン・ウィリアムズの曲は壮大で聴き映えのするものが多く、管弦楽曲としても十分に楽しむことができます。ジョン・ウィリアムズは映画音楽だけではなく多くの協奏曲なども作曲しています。また、『ピアノ・レッスン』の曲を書いたマイケル・ナイマンも映画音楽の巨匠として知られます。

日本の作曲家では、古くは『ゴジラ』などの音楽を作曲した伊福部《いふくべ》昭《あきら》、近年では『戦場のメリークリスマス』や『ラスト・エンペラー』の音楽で知られる坂本龍一や、『となりのトトロ』や『千と千尋の神隠し』など宮崎《みやざき》駿《はやお》監督のアニメ作品の音楽で知られる久石《ひさいし》譲《じょう》が有名です。こうした映画音楽によってオーケストラのサウンドに親しみ、クラシック音楽を聴き始めたという方も多いのではないでしょうか。『戦場のメリークリスマス』や『ラスト・エンペラー』はアジアの近現代史を下敷きにしているため、歴史を知っておくとさらに深い観方ができると思います。

第9章

20世紀前半の音楽

悲惨を極めた2度の大戦と多様化する音楽のあり方

◆歴史のあらすじ

この章では、20世紀前半の時代を扱います。本書では、この時代をおおむね、「第一次世界大戦」の時代、「戦間期《せんかんき》」の時代、「世界恐慌と第二次世界大戦」の時代の3つに分けたいと思います。

「**第一次世界大戦**」の時代では、ドイツの新皇帝ヴィルヘルム2世がそれまでの守備的な外交政策を捨て、バルカン半島を通ってアジア・アフリカ方面への南下を狙ったことから、アジアに豊富な植民地を持つイギリスやフランス、バルカン半島からの南下を目指すロシアを刺激し、世界大戦に発展する様子を見ていきます。

第一次世界大戦はそれまで人類が経験したことのない、悲惨な戦争となりました。ロシアでは長引く戦争によって困窮した民衆が革命（**ロシア革命**）を起こし、ロマノフ朝の皇帝が倒れ、社会主義国家の**ソヴィエト連邦**が成立します。

第一次世界大戦と第二次世界大戦の間の「**戦間期**」の時代は、第一次世界大戦への反省から始まりました。世界各国は悲惨な戦争をくり返さないようにと、足並みを揃えるようになります。その中で、第一次世界大戦で国土が戦場にならなかったアメリカは経済発展を遂げ、大衆文化や娯楽が大きく発展しました。この時代、ラジオ放送の開始や映画の上映、ジャズの流行など、音楽にも大きな影響を与える文化が発展していきます。

しかし、アメリカの経済発展は１９２９年秋の、ウォール街で起きた株価の大暴落によって終わり、世界は「**世界恐慌**と**第二次世界大戦**」の時代に突入します。恐慌の拡大により、アメリカからの融資頼みであったドイツ経済が崩壊し、イギリスやフランスも恐慌の影響を最小限にするために関税率の引き上げや貿易額の制限を行い、世界は不況と分断の時代を迎えることになります。

こうした状況を打開するため、イタリアやドイツでは**ヒトラー**や**ムッソリーニ**が独裁を行うようになり、世界は第二次世界大戦に突入します。第二次世界大戦は第一次世界大戦にもまして、悲惨な戦争となりました。

音楽のあらすじ

ロマン派の末期頃からすでに20世紀には突入しているのですが、ここでの「20世紀前半の音楽」は、おおむね「第一次世界大戦を経験している作曲家」以降の音楽たちを扱います。

これまでは17世紀から18世紀にかけての「バロック音楽」、18世紀から19世紀初頭にかけての「古典派音楽」、19世紀の「ロマン派」、というように、ひとまとめにくくれる音楽の傾向性がありましたが、20世紀に入ると音楽は多様化し、ひとつの傾向で音楽をくくることができなくなります。

多様化する音楽を分類してみると、まず、ひとつ目の分類は「ロマン派」の継承です。「ロマン派」を引き継ぎ、旋律の美しさと和音の流れで勝負しようという音楽です。今までの解説の流れでいえば、ロマン派の「第４世代」といってもいいかもしれません。しかし、このスタンスをとる作曲家はしばしば「時代遅れ」と批判されることもありました。

2つ目は、「象徴主義」や「印象主義」です。今までのロマン派では、文学のストーリーや表現したいことを積極的に、はっきりと「表に出す」ことが特徴的でしたが、「象徴主義」では「暗示する」とか「匂わせる」といった、内面の表現を重視します。そのため、長調でも短調でもないような和音や、はっきりしないリズムを多用します。印象主義は絵画の「印象派」が音楽に転用されて生まれた概念です。絵画の印象派のように、自然や風景などの情景を色彩的な音色で描き、輪郭を曖昧にしてその場の雰囲気も描こうとしていることが特徴です。どちらも、「ゆらぎ」や雰囲気を重視したような曲になります。

3つ目に挙げられるのが、「表現主義」です。ロマン派末期の前衛的な音楽をさらに推し進め、あえてルールを破った和音進行や、はっきりした調をなくすことや、音の強弱を極端に交代させるなど、より前衛的な音楽を追求したものです。ゆがんだ音や、毒々しい表現の中に、なまめかしい美しさや人の内面性の描写ができるととらえたのです。

4つ目に挙げられるのが、「無調」の音楽です。今までの音楽に使われた和音のルールを一切なくした音楽で、その代表的な作曲技法が「十二音技法」です。ド、ド♯、レ、レ♯……シまで、オクターブの中には半音が12個ありますが、それを並べ替え、ひとつの音を出したら、残りの11個の音がすべて出るまでその音は使えない、という作曲技法です。美しい、とは言えない音楽になるのですが、音そのものはまったく新しいサウンドとなり、そこに新たな価値を見出したのです。

5つ目は、「新古典主義」と言われる音楽です。象徴主義や印象主義、表現主義のような曖昧な表現やドロドロとした不気味な表現を避け、古典派のようにすっきりした和音と簡潔な形式を目指しました。

6つ目は、「原始主義」です。民族音楽のように激しいリズムと鮮やかな和音で、生命力にあふれる表現を目指しました。作曲家の中には、いくつもの方向性を追求した人も、どれにも分類されない人もいます。

この章の舞台
（2つの大戦）

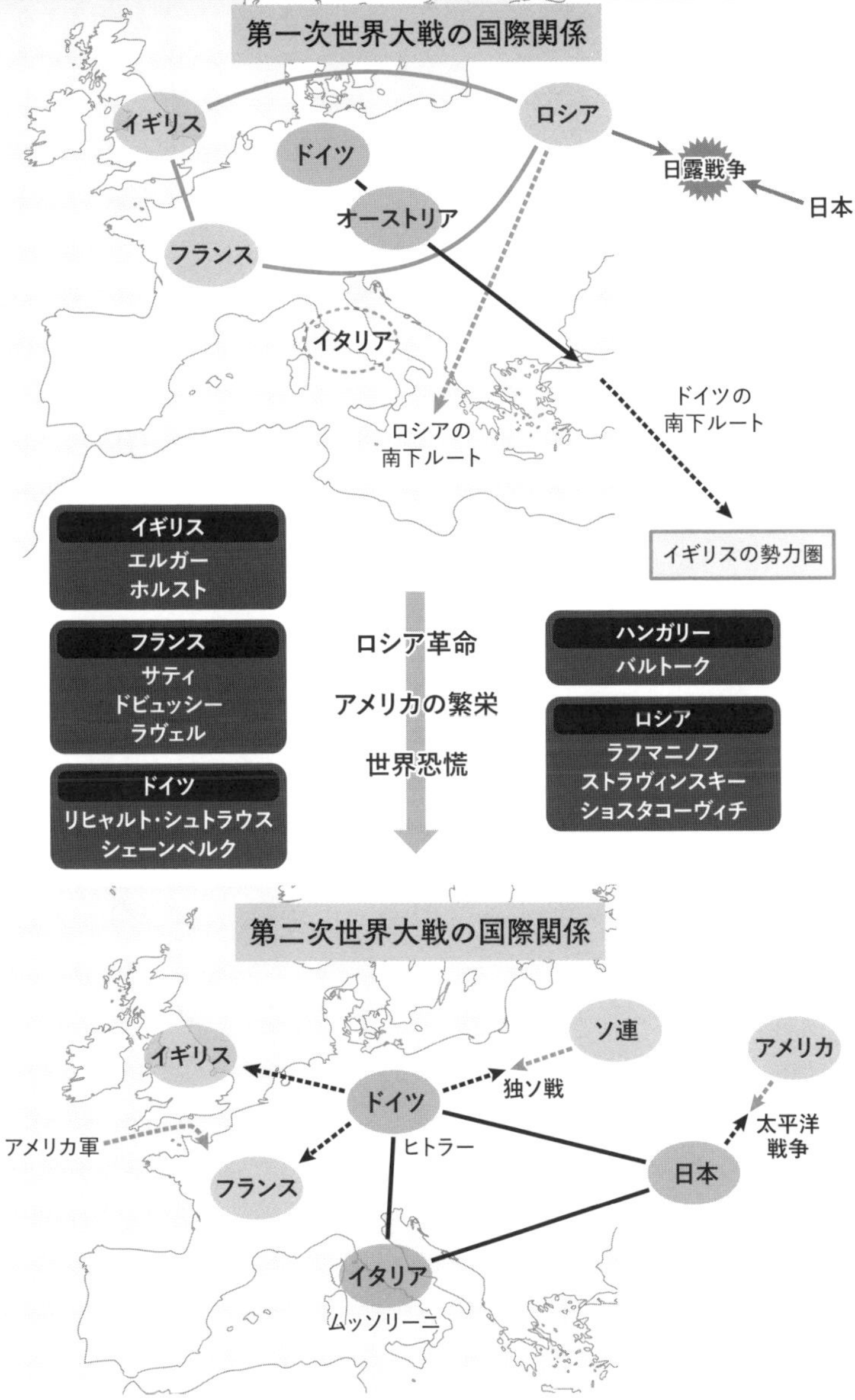
第一次世界大戦の国際関係
イギリス
ロシア
ドイツ
日露戦争
日本
オーストリア
フランス
イタリア
ドイツの
南下ルート
ロシアの
南下ルート
イギリスの勢力圏
イギリス
エルガー
ホルスト
フランス
サティ
ドビュッシー
ラヴェル
ドイツ
リヒャルト・シュトラウス
シェーンベルク
ロシア革命
アメリカの繁栄
世界恐慌
ハンガリー
バルトーク
ロシア
ラフマニノフ
ストラヴィンスキー
ショスタコーヴィチ
第二次世界大戦の国際関係
ソ連
アメリカ
イギリス
独ソ戦
ドイツ
太平洋
戦争
アメリカ軍
ヒトラー
フランス
日本
イタリア
ムッソリーニ

第一次世界大戦と第二次世界大戦、2度の大戦の敗戦国となったドイツ

第一次世界大戦とドイツ

この章では、まずドイツにスポットを当てたいと思います。ドイツは第一次世界大戦と第二次世界大戦を引き起こす原因を作り、そして両方の戦争に敗北した、大戦期のカギとなる国です。

前章の時代において、ドイツの首相としてその政策をリードしていたのは**ビスマルク**です。ビスマルクはドイツの統一に力を発揮しましたが、統一後は得意とする外交政策で、多くの国と同盟関係を結び、ドイツの安全保障を確保する政策を展開していました。

しかし、20世紀に入り、血気盛んな若い皇帝**ヴィルヘルム2世**が即位すると、ビスマルクを首相からおろして安全保障優先のドイツの外交姿勢を転換し、積極的な海外進出を図ろうとしたのです。早速、ドイツからバルカン半島を通り、アジアにつながる鉄道を引こうとしたり、フランスの「なわばり」になりつつあったモロッコに乗り込んで、フランスを牽制《けんせい》したりしました。この政策の転換が、多くの国の反感を買います。

アジアへの鉄道建設は、インド方面をなわばりにしていたイギリスの反感を買い、その通過点であるバルカン半島もロシアのなわばりであったので、ロシアの反感も買います。また、フランスとドイツはプロイセン＝

フランス戦争以来の「宿敵」のような存在でした。

その結果、ドイツとその同盟国であるオーストリアやオスマン帝国と、イギリス・フランス・ロシアを中心とする国々の間で**第一次世界大戦**が勃発します。この戦争はそれまでの人類が経験したことのない、悲惨な戦争になりました。

戦間期のドイツ

第一次世界大戦では、ドイツは敗戦国となってしまいました。第一次世界大戦のあと結ばれた**ヴェルサイユ条約**によって、ドイツはすべての海外植民地の放棄と領土の割譲や軍備の大幅な制限を強いられ、莫大な賠償金を科せられました。

ドイツにとって、第一次世界大戦の賠償金は、非常に重いものでした。到底払うことのできない金額であるにもかかわらず、支払いが滞ったという理由でフランスやベルギーからドイツ工業の心臓部であるルール工業地帯を占領され、工業製品の生産が滞ったことから激しいインフレーションがドイツを襲います。

こうした危機的な状況に救いの手を差し伸べたのがアメリカです。アメリカの発案で、アメリカの銀行や企業がドイツの企業に融資を行ったのです。ドイツの企業はアメリカの融資を受け、復興を遂げていきます。戦後落ち込んでいた工業生産も、かなりのところまで回復することができました。

しかし、１９２９年、アメリカ発の世界恐慌が世界を襲うと、ドイツ経済は非常に苦しくなります。ドイツに融資していたアメリカの銀行や投資家たちは、ドイツ企業への融資をストップしてしまうのです。経済復興を遂げていったといっても、アメリカからの融資を頼みにしていたドイツ企業の資金繰りはたちまち悪化し、ドイツ経済は壊滅してしまいます。

◆世界恐慌とドイツのヒトラーの登場

失業率が30％を超え、失業者が600万人にまで増加したドイツにおいて、それまでの政党や議会政治は、効果的な手を打てずにいました。そこで、人々の期待を集めたのが、巧みな演説で国民の支持を集めたヒトラー率いるナチ党（ナチス）です。1932年の総選挙でナチ党は第一党に躍進し、ヒトラー内閣が成立しました。

ドイツの「総統《そうとう》」として国家元首となったヒトラーは、大規模な公共事業によって失業を克服しました。そして、国際連盟から脱退し、ヴェルサイユ条約に違反して軍備増強の道を歩み、市場を求めて領土の拡張を志向します。その一方で、ヒトラーはドイツ民族をすぐれた民族であると位置付け、ユダヤ人を迫害します。また、秘密警察の活動と政府からの宣伝によって国民の思想を統制するという**全体主義国家**を作ります。

1938年、ヒトラー率いるドイツはオーストリアを併合し、チェコスロヴァキアに強要して、ドイツ人が多く居住していたズデーテン地方の割譲を認めさせました。さらに翌年、ソ連と**独ソ不可侵《ふかしん》条約**を結び、ポーランドに侵攻しました。こうしたドイツの拡張に対し、それまで開戦に慎重な姿勢をとっていたイギリスとフランスがドイツに宣戦布告し、1939年9月、**第二次世界大戦**が始まります。

開戦後、ドイツは1年もたたずにパリを占領し、フランスを降伏させました。そして、イギリスの本土を狙いましたが、イギリスは空爆を受けながらも抵抗を続けます。西ヨーロッパでの戦いが有利に進まなくなってくると、ヒトラーはその矛先を東に向けます。ハンガリー・ルーマニア・ブルガリアなどをドイツ陣営に引き込み、ユーゴスラヴィアやギリシアを占領しました。そしてドイツはソ連に侵攻し、泥沼の独ソ戦が始まるのです。

独ソ戦の結果、スターリングラードの攻防戦でドイツが敗北し、西方ではアメリカとイギリスをはじめとする連合軍がフランス北西部の**ノルマンディーでの上陸作戦**に成功すると、戦況は一気にドイツに不利にかたむきました。１９４４年８月にはパリを失い、１９４５年４月にはソ連軍によってベルリンを包囲され、１９４５年５月にドイツは無条件降伏しました。

巨大なオーケストラから華麗な音を引き出す リヒャルト・シュトラウス（1864〜1949）〔ロマン派〕

20世紀のドイツの作曲家といえば、まず**リヒャルト・シュトラウス**が挙げられます（シュトラウス、という名前からよくヨハン・シュトラウスと間違われますが、関係はありません）。ホルン奏者の父の息子として生まれたことから、ホルンを中心とする金管楽器の使用法に長けた作曲家です。

リヒャルト・シュトラウスはドイツのロマン派の系譜に位置し、リストの交響詩とワーグナーのオペラを引き継いだ人物とされ、巨大なオーケストラを意のままにあやつり、華麗な音を引き出すその手腕は高く評価されています。キャリアの前半は『ドン・ファン』や『ツァラトゥストラはかく語りき』などの交響詩を中心に作曲し、キャリアの後半はオペラの作曲を中心に行いました。『サロメ』『エレクトラ』『ばらの騎士』『ナクソス島のアリアドネ』などの傑作オペラが残されています。

「歴史と音楽」という観点でとらえると、リヒャルト・シュトラウスの背後にはナチス＝ドイツの影がちらつきます。リヒャルト・シュトラウスはナチ党に協力的な姿勢を見せ、ヒトラー政権下の帝国音楽院総裁の地位

リヒャルト・シュトラウスの代表曲

交響詩『ツァラトゥストラはかく語りき』
（1895～1896）

『ドン・ファン』や『英雄の生涯』など、大規模で華麗なリヒャルト・シュトラウスの交響詩の中から、本書では『ツァラトゥストラはかく語りき』を紹介したいと思います。19世紀のドイツの哲学者、ニーチェが書いた同名の哲学書に触発されて作曲されたものであり、その思想というよりは、いくつかの場面が音楽的に表現されたものです。この曲の冒頭は映画『2001年宇宙の旅』でも使われたことで広く知られています。

リヒャルト・シュトラウスの代表曲

歌劇『サロメ』より「7つのヴェールの踊り」
（1903～1904）

『サロメ』は、イエスに洗礼を授けたという「洗礼者」ヨハネの首を求めて、少女サロメが義父の前でヴェールを脱いで裸になって踊る、という非常に官能的で退廃的な内容のオペラです。曲は、ヴェールを少しずつ脱いで裸になるサロメに合わせて、次第に興奮の度を高めていくというもので、その官能性から各地で上演禁止になるほどでした。しかし、ただ不道徳というわけではなく、ピンと張りつめた緊張感がある名曲として知られています。

に就いていたことがあるからです。それを批判的にとらえる人もいれば、息子の妻がユダヤ人という関係から、自分の家族を守るためにもナチスに協力的にならざるを得なかったという見方もあります。

十二音技法を生み出した シェーンベルク（１８７４〜１９５１）〔ロマン派・無調〕

20世紀初頭のウィーンでは、「**新ウィーン楽派**」とよばれる人々が登場しました。この、新ウィーン楽派の代表格が**シェーンベルク**です。シェーンベルクははじめ、ロマン派風の作品を書いていましたが、次第に半音階を多用する方向性のない音楽を作曲するようになり、ついには主軸となる音やハーモニーがない、**無調**にいたります。さらにシェーンベルクはこの無調という考えを推し進め、十二個の半音を並べて「音列」を作り、その音を順番に演奏するという十二音技法による曲を多く手掛けるようになります。

シェーンベルクはウィーンのユダヤ人居住区で生まれたユダヤ人です。ドイツの伝統的な音楽を重視したシェーンベル

シェーンベルクの代表曲

『浄《きよ》められた夜（浄夜）』
（1899）

シェーンベルクが、無調作品を多く手掛け始める前の作品で、ロマン派の最後期に位置付けられる作品です。ドイツの詩人デーメルの詩『浄夜』の情景を描いており、月明かりの下で男女が語らう（女が自分のお腹の中の子は、その男の子どもではないことを告げ、苦悩の末に男がそれを赦《ゆる》すというストーリーです）、不安で暗い夜の情景がよく表現されています。

シェーンベルクの代表曲

『ワルシャワの生き残り』
（1947）

「無調」や「十二音技法」は、決して美しいという音楽ではありませんが、それまでにない音楽の表現のひとつであったことは間違いありません。では、この技法がどのような音楽に向いているかといえば、この『ワルシャワの生き残り』のような曲が挙げられるでしょう。ナチス＝ドイツの収容所で処刑されようとしたユダヤ人たちの恐怖を、十二音技法の行き場のない、引き裂かれたような音楽がよく表現しており、胸に迫るものがあります。

クは一度はユダヤ教を捨てプロテスタントに改宗し、ベルリンの教育機関で作曲を教えていました。しかし、ヒトラーが政権を握った1933年、ドイツ国内のすべてのユダヤ人教師が職を追われると、シェーンベルクも「有害な音楽を作曲する『退廃《たいはい》芸術家』」であると批判され、アメリカへの亡命を余儀なくされます。アメリカで再び自分の民族への自覚を強めたシェーンベルクは、再びユダヤ教徒に戻りました。

◆東ヨーロッパの民謡を収集し作曲した バルトーク（1881〜1945）

バルトークは近代のハンガリーを代表する作曲家です。

バルトークが生まれた当時のハンガリーはオーストリアとの連合体である「オーストリア＝ハンガリー帝国」を形成しており、作曲の勉強をする学生は音楽の都として長い伝統があるオーストリアの首都のウィーンを目指すのが通常のルートでしたが、バルトークはハンガリーの首都であるブダペストの音楽院を進学先に選びました。この音楽院を選んだことにより、ハンガリーをはじめとする東ヨーロッパの民謡を自作に取り入れた、バルトーク独特の響きのベースができたのです。

どちらかといえば、作曲よりもピアニスト、そして民謡収集家としての要素が強かったバルトークにとって転機になったのが、第一次世界大戦でした。戦争によって各地を回ることができなくなり、作曲に専念するようになったのです。『かかし王子』『中国の不思議な役人』などの中期の代表作は第一次世界大戦中に書かれています。

第二次世界大戦が近づき、ハンガリー政府がナチス＝ドイツに接近すると、自由な音楽活動が制限されることを恐れたバルトークは、第二次世界大戦の開戦直後にアメリカに移りました。

しかし、アメリカに移ったバルトークには作曲の依頼がなかなか来ず、困窮してしまいます。白血病にかかり、体調不良も目立つようになりました。こうしたバルトークを支援するために友人の提案で依頼された曲が、晩年の傑作『管弦楽のための協奏曲』です。

バルトークの代表曲

『管弦楽のための協奏曲』

（1943）

アメリカに渡ったバルトークは、体調不良と困窮により、苦しい時代を過ごしました。この困窮を見て、バルトークの友人たちと指揮者のクーセヴィツキーは、バルトークに大きな管弦楽曲の作曲を依頼したのです。これが、晩年の最高傑作として知られる『管弦楽のための協奏曲』です。オーケストラに使われる各パートが、それぞれの魅力を最大限に発揮できるように書かれており、音色の万華鏡のような感覚を味わえます。

ファシズムを展開しドイツと共同歩調をとったムッソリーニ

2つの大戦とイタリア

19世紀後半に統一が完成したイタリアは、ドイツやオーストリアと三国同盟を形成して帝国主義的な政策を展開し、エチオピアやリビアに出兵しました。

第一次世界大戦の足音が聞こえると、イタリアは中立を宣言し、ドイツとオーストリアの陣営から離れていきます。イタリアの一部はまだオーストリアのものになっており、イタリアとオーストリアのわだかまりは消えなかったのです。そして、第一次世界大戦では、ドイツの思惑に反して（ドイツを裏切って）、イギリスやフランス、ロシアの協商国側で参戦します。その結果、第一次世界大戦のイタリアは戦勝国となることができました。しかし、戦後のイタリアには十分な領土が与えられず、イタリア経済は停滞しました。

こうした不安定な状況の中で、支持を集めたのが**ムッソリーニ**です。ムッソリーニは強力な独裁と言論統制により全体主義体制を作りあげ、世界恐慌が起こると、ムッソリーニはエチオピアに対して侵略戦争を行います。そして、同じ頃にドイツで権力を握っていたヒトラーに接近し、同盟関係を結んで第二次世界大戦を戦いました。その結果、イタリアは敗戦国となり、ムッソリーニも失脚し、殺害されてしまいました。

20世紀前半のイギリス

「大英帝国」の栄光は失うものの2つの大戦を耐え抜く

第一次世界大戦とイギリス

圧倒的な海軍力で「太陽の沈まぬ帝国」とよばれたイギリスも、20世紀初頭にはその勢いに陰りが見られました。

19世紀末期、南アフリカ方面での植民地戦争に苦戦し、国際的に「独り勝ち」とは言えない状況になったのです。そのうえ、ロシアの南下やドイツの拡張政策への方針転換などの情勢に対応するため、イギリスはそれまでの孤立政策を捨て、同盟関係を積極的に結ぶようになります。

1902年にはロシアの南下を牽制するために日英同盟を結び、ドイツのバルカン半島やアジアへの進出に対しては英仏協商や英露協商を結びました。イギリス・フランス・ロシアの同盟関係は「**三国協商**《さんごくきょうしょう》」と言われ、ドイツを中心とする「三国同盟」と敵対する構図となりました。

第一次世界大戦が勃発すると、イギリスは多くの兵員を大陸ヨーロッパに送り込み、ドイツ軍と激しく戦いました。戦争には勝利したものの、消耗が激しかったイギリスは覇権国家としての地位を失い、アメリカにその座を譲ります。

戦間期から第二次世界大戦のイギリス

アメリカが不況に陥り、世界恐慌が発生すると、イギリスも大きなダメージを受けました。海外投資を積極的に行っていたイギリスの銀行がダメージを受けたうえに、ドイツ経済の崩壊によりドイツからの賠償金を受け取れなくなってしまったのです。イギリスにも大不況が訪れ、経済政策の転換を余儀なくされました。

イギリスはそこで、本国と植民地、そして植民地であった地域をグループ化し、その中だけで輸出入をして経済を回すという**「ブロック経済圏」**を作るのです。このことは、工業国であるドイツにとっては、製品の販売先が少なくなることを意味します。ドイツとイギリスの関係は再び悪化の方向に向かいます。

ヒトラーがドイツの政権を握り、周辺諸国への領土要求を強めると、イギリスは当初、ドイツとの戦争を回避するため、ドイツに妥協的にふるまいました。しかし、ドイツはその野望の矛をおさめませんでした。ドイツがポーランドに侵攻すると、イギリスはようやく方針を転換し、ドイツとの戦争に踏み切ります。

第二次世界大戦が始まり、1年もたたないうちにフランスが降伏すると、ドイツはイギリスへの上陸をもくろみ、激しい空爆を行います。イギリスはチャーチル首相を中心にこの攻撃に耐え、終戦までドイツのイギリス本土上陸を阻止しました。

『威風堂々』を作曲したイギリスを代表する作曲家エルガー（1857～1934）〔ロマン派〕

本書には、ヘンデルが晩年、活躍の場をイギリスに移したとか、ハイドンの後期はロンドンで活動したというような、ドイツの作曲家がイギリスに本拠地を移したという話題は出てきましたが、実は、「イギリス人」

の作曲家はほとんど登場していません。

このエルガーは「イギリスの作曲家は？」と問われるとまず出てくる、イギリス生まれの、イギリスを代表する作曲家なのです。クラシック曲をほとんど知らない、という人も、エルガーが作曲した『威風堂々《いふうどうどう》』第１番のメロディは聴いたことがある、という方が大半だと思います。イギリスの「第２の国歌」とも言われる名曲です。

エルガーはほぼ独学で作曲を学び、１８９９年に創作主題による変奏曲『エニグマ』を書いたことで名声を手に入れます。エルガーの作風はメロディックでクラシカルな、どちらかといえば保守的な、ロマン派的な作風です。

これは、エルガーがイギリスの中ではどちらかといえば少数派のカトリックの家庭で育ち、父親が地元の教会のオルガニストをつとめていたことや、ロンドンの近くに住んでいたエルガーが、ロンドンに足を運んでブラームスやシューマン、ワーグナーなどのコンサートをよく聴いていたことが理由だ、と言われています。

エルガーの代表曲

行進曲『威風堂々』第１番

（1901）

エルガーは『威風堂々』とよばれる行進曲を５曲作曲しましたが、その中でももっとも有名なものが、この第１番です。中間部の旋律はまさに『威風堂々』の名にふさわしいもので、イギリス王エドワード７世（ヴィクトリア女王の子、エリザベス２世の曾祖父にあたります）の戴冠式のための曲にもこの旋律が引用されています。歌詞がつけられ、イギリスの大規模な行事には必ずといっていいほど演奏されます。

大作の『惑星』で知られる
ホルスト（1874〜1934）〔ロマン派〕

20世紀前半のイギリスの作曲界は、エルガーやホルスト、ヴォーン・ウィリアムズ、ウォルトンなど、ひとつの黄金期を形成していました。

エルガーに並ぶ知名度を誇る**ホルスト**は、ロンドンの女学校で音楽教師をつとめながら作曲を行い、組曲『惑星』を残した人物です。

ホルストの興味は多岐にわたり、イングランドの民謡やアルジェリアの旋律、インド文学、占星術などさまざまなモチーフを音楽に取り入れました（ヒンドゥー教の聖典に曲を付けた合唱曲も作曲しています）。

また、自身がトロンボーンを吹いていたことから吹奏楽の作曲も手がけ、2曲の組曲は吹奏楽の名曲として知られます。中でもやはり、占星術への興味から作曲された、太陽系の7つの惑星を題材にした大作の『惑星』が有名です。

ホルストの代表曲

組曲『惑星』より「木星」
（1914〜1916）

地球を除く7つの惑星を題材にした曲で、火星は「戦争をもたらすもの」、金星は「平和をもたらすもの」など、それぞれの星に占星術と関係のある副題がつけられています。中でも、「快楽をもたらすもの」の副題を持つ木星は全曲の中心に置かれ、もっとも印象的で有名な楽章です。中間部の雄大で美しい旋律は、多くの機会で演奏され、ポップスに編曲される例も見られます。

20世紀前半のフランス

隣国ドイツと2度の戦争を戦った苦難の時代のフランス

第一次世界大戦とフランス

フランスにとって第一次世界大戦と第二次世界大戦を経験した20世紀前半は、苦しい時代となりました。いずれの大戦も戦勝国とはなりましたが、長い国境を接するドイツとの間に激しい戦闘が行われ、国土が荒廃したのです。

第一次世界大戦前のフランスは、ドイツのビスマルクによって外交的に孤立させられていました。もともとフランスはドイツの国家と長いライバル関係にありましたから、皇帝ヴィルヘルム２世によってドイツが外交姿勢を拡張路線に転換すると、フランスは、ドイツと対立が深まったロシアやイギリスと共同歩調をとる「三国協商」を成立させ、ドイツとの対決姿勢を明確にします。

第一次世界大戦が勃発すると、フランスははじめ、ドイツの速攻に苦しめられますが、ドイツ軍の足が止まると戦況は膠着《こうちゃく》し、泥沼の戦いに移行します。４年間の激戦の末にようやく、フランスは勝利を手にすることになります。

◆戦間期から第二次世界大戦にかけてのフランス

第一次世界大戦で勝利を得たものの、フランスの消耗は激しいものがありました。戦後、反ドイツ感情が強いフランスはドイツに過酷な賠償金を要求します。そのことが、今度はドイツの感情を悪化させ、ヒトラー政権成立の背景になってしまうのです。

戦間期のフランスは、一時は積極的に国際平和のために動きますが、世界恐慌が起きるとフランスも、イギリスと同じように経済的に閉じたブロックを構築し、ドイツと対立します。

ドイツの拡大に対しては、イギリスと同じように当初は戦争の勃発を避ける方針でいましたが、ドイツのポーランド侵攻に伴い、イギリスとともにドイツに宣戦布告し、第二次世界大戦が勃発します。長い国境でドイツと接しているフランスは、第一次世界大戦と同じようにドイツ軍の矢面に立つことになり、開戦後1年もたたないうちにパリを占領され、ドイツに降伏してしまいました。

ドイツに降伏したあとのフランスは、北部はドイツによる占領状態となり、南部はドイツに従属的な政府が成立します。国を失ったフランスの将軍**ド・ゴール**はイギリスに亡命して「自由フランス政府」を名乗り、イギリスのラジオを通してフランス国民にドイツに対する抵抗を呼びかけます。

フランスに転機が訪れたのはアメリカ・イギリス軍を中心にしたノルマンディー上陸作戦の成功でした。フランス北東部への上陸を成功させた連合軍は、ドイツ軍を追いながらパリの奪還に成功し、パリに帰還したド・ゴールは新政府を組織しました。フランスは、第一次世界大戦と同じく、第二次大戦でも苦しみ抜いた戦勝国となったのです。

簡潔で神秘的な音楽を作曲した
サティ（1866〜1925）〔新古典主義〕

サティは新古典主義に位置付けられることもありますが、こうした分類があてはまらない作曲家とも言えます。ここまで聴いてきたどの作曲家の曲とも違う、簡素で装飾を控えた、独創性の高い曲を作曲しました。

若いときのサティはパリ音楽院に入学しますが、教授から音楽の才能がないと否定され、除籍されてしまいます。パリの下町の酒場のピアノ弾きとして活動し、お金を貯めたサティはスコラ・カントゥルムという学校に入学し、音楽を改めて学びます。聖歌隊の流れを汲むこの学校で、サティは中世の音楽の語法を学び、簡素な響きをくり返して音楽を作る独自の技法を編《あ》み出しました。

サティの音楽のもうひとつの特徴はパロディです。『梨の形をした3つの小品』『犬のためのぶよぶよした前奏曲』など、不思議な曲名が多く、譜面の中の指示も「食べ過ぎないで」「舌の先端で」というように、パロディックで独創性の高いものとなっています。

サティの代表曲

『3つのジムノペディ』
（1888）

サティは多くのピアノ曲を作曲しましたが、代表作の『3つのジムノペディ』は、簡潔で神秘的というサティの音楽の特徴がよくあらわれています。ゆったりとした一定のリズムの上に、極めてシンプルな旋律が乗る、これまでのクラシック音楽とはまったく違う、透明感のある曲です。映画やテレビでも物憂いシーンや、静謐《せいひつ》なシーンでよく使われます。

長調や短調を超えた独特な響きを生み出した ドビュッシー（1862～1918）〔象徴主義・印象主義〕

フランスの作曲家**ドビュッシー**は、10歳でパリ音楽院に合格し、初めはピアニストを目指していました。しかし、ピアノでは賞を取れず、次第に作曲の道に足を踏み入れていきます。作曲家としてのドビュッシーに大きな影響を与えたのがワーグナーの音楽、そしてインドネシアの音楽でした。和音進行のルールをはみだしていくようなワーグナーの曲や、パリ万博で触れたインドネシアのガムランの響きに影響され、ドビュッシーの音楽は長調や短調を超えた「五音《ごおん》音階」や「全音音階」を使う独特な響きを伴うようになります。

ドビュッシーの「象徴主義」的な音楽の代表としては、『牧神《ぼくしん》の午後の前奏曲』があります。獣《けもの》の姿を持つ神がまどろむ姿を描いた、瞑想的でけだるい、独特の魅力を持つ曲です。また、「印象主義」的な曲としては海の様子を絵画的に描いた交響的素描『海』や、『ベルガマスク組曲』の第3曲「月の光」などが有名です。

ドビュッシーの代表曲

『ベルガマスク組曲』より「月の光」

（1890）

この曲集のタイトルにある「ベルガマスク」とは、北イタリアのベルガモ地方の踊りの「ベルガマスカ」に由来しているといいます。中でも３曲目の「月の光」は、優しく切ない夜の曲で、まさに月の光を受けた静かな夜を想像させます。少し不思議な響きは、古い教会音楽の音階が使われているからと言われます。全４曲の組曲の、他の曲も古い教会音楽の音階が使われ、独特な響きがします。

ドビュッシーの代表曲

管弦楽のための３つの交響的素描『海』
（1903〜1905）

ドビュッシーが作曲した曲の中でも、もっとも大規模な作品と言えるこの『海』は、海の情景をスケッチした３つの楽章から成り立っています。さざ波を示す弦楽器や、キラキラとした陽光を示す木管楽器、大きなうねりを作る低音の弦楽器や金管楽器など、まさに「海」のスケッチだという感じがします。この曲の初版の譜面の表紙には葛飾北斎《かつしかほくさい》の「神奈川沖浪裏《かながわおきなみうら》」が描かれ、異国趣味との関連性も指摘されています。

◆カラフルな音色を引き出すオーケストレーションの名手ラヴェル
（1875〜1937）〔印象主義・新古典主義〕

フランスの作曲家であるドビュッシーとラヴェルは「印象主義」のくくりでセットにされることが多く、CDでもカップリングされることが多いのですが、ドビュッシーはより曖昧模糊《あいまいもこ》とした「象徴主義」的な面が強く、ラヴェルはより和音や音の構成がすっきりした「新古典主義」的な面が強い作曲家です。

ラヴェルの「新古典主義」的な音楽には『マ・メール・ロワ』や『クープランの墓』、そして「印象主義」的な音楽には『鏡』などの音楽があります。ラヴェルはさまざまな楽器を組み合わせ、カラフルな音色をオーケストラから引き出すのが巧みであることから、「オーケストレーションの魔術師」と言われます。そうした色彩豊かな曲の代表作には、バレエ音楽『ダフニスとクロエ』などがあります。

ラヴェルの代表曲

『クープランの墓』
（1919）

この曲ははじめ、ピアノ曲として作曲されましたが、のちに管弦楽版に編曲されています。「墓」という、あまり曲のタイトルにはない言葉が使われていますが、これは、この曲集の各曲が、第一次世界大戦で亡くなったラヴェルの知人たちを追悼する曲になっているからです（ラヴェル自身も、第一次世界大戦にトラック輸送兵として従軍しています）。全編にわたって、繊細で、美しい響きが楽しめる曲です。

ラヴェルの代表曲

『ボレロ』
（1928）

ラヴェルは音楽の歴史に残るような大胆な試みもいくつか行っており、音楽の流れを突然断ち切って終始させる『ラ・ヴァルス』や、ジャズの要素を取り入れた『ピアノ協奏曲』などが、革新性を持つ名作として知られます。その中でも、２つの旋律と一定のリズムを反復させることで大きなクライマックスを導く『ボレロ』はクラシック曲の定番としてよく知られています。単純なくり返しが、次第に熱を帯び、大きな感動を生みます。

20世紀前半のロシア（ソ連）

ロシア革命によって成立した社会主義国ソ連

◆日露戦争・第一次世界大戦とロシア

19世紀後半のクリミア戦争やロシア＝トルコ戦争など、地中海方面への南下政策が不調に終わったロシアは、20世紀の初頭に太平洋方面への南下を図ります。そこに立ちはだかったのが、朝鮮半島方面への進出を強める日本でした。日露戦争で苦戦したロシアは、ポーツマス条約で不利な条件を認め、太平洋方面での南下をいったん断念します。

この日露戦争が行われている間に、ロシア国内では大きな事件が起きていました。それが、「**血の日曜日事件**」から発生した、**第一次ロシア革命**です。

農奴解放令以降、ロシアの工業は急速に発展しましたが、労働者が働く条件は悪く、不満がたまっていました。そこに日露戦争が加わったため、ロシア経済が悪化し、貧困にあえぐ労働者は待遇改善を求めて声を上げるようになったのです。

「血の日曜日事件」はそうした状況の中で起きました。待遇改善を求めて皇帝に請願に行こうとするデモ行進に対して、皇帝の軍隊が発砲し、２０００人以上の死傷者を出した事件です。この事件をきっかけに、ロシアでは皇帝の独裁政治に対して疑問の声が上がり始めます。各地で農民の蜂起と労働者のストライキが多発する「第一次ロシア革命」が起き、皇帝の独裁が大きく揺らぐのです。

日露戦争の敗北により、太平洋方面への進出をいったん断念したロシアは、再び地中海方面への進出をもくろみ、バルカン半島への進出を行います。しかし、バルカン半島はドイツの皇帝ヴィルヘルム2世も狙っていた南下ルートだったのです。バルカン半島内のスラヴ系民族を同盟国として組織し、地中海へのルートを確保しようとするロシアと、バルカン半島に鉄道を敷きアジアへのルートを確保しようとするドイツは激しく対立することになります。

こうした状況の中で、ドイツの同盟国であるオーストリアの皇太子を、ロシアの同盟国であるセルビア系の民族主義者がバルカン半島のサライェヴォで暗殺するという**サライェヴォ事件**が起こります。ドイツの同盟国であるオーストリアと、ロシアの同盟国であるセルビアの間で戦争が始まり、この衝突がドイツ・オーストリア陣営とイギリス・フランス・ロシア陣営が戦う**第一次世界大戦**に発展するのです。

「血の日曜日事件」を題材にした音楽

ショスタコーヴィチ　交響曲第11番『1905年』(1957)

ロシアやソ連の歴史を音楽で描いたショスタコーヴィチの交響曲の中で、この『1905年』は、第一次ロシア革命のきっかけとなった「血の日曜日事件」が音楽で描かれたものです。この交響曲の中核となるのは、「1月9日」という第2楽章で、血の日曜日事件の一日が音楽で描かれています。皇帝の軍隊が民衆に向かって一斉射撃するシーンは、小太鼓の連打によって表現されており、その後の民衆のパニックの様子も音楽で描かれています。

ロシア革命とソ連の成立

第一次世界大戦は日露戦争にも増して、長期にわたる激しい戦争になりました。これが2度の革命（いわゆる「ロシア革命」）を招きます。再び悪化したロシア経済の中で、食糧不足に悩んでいた首都ペトログラードの労働者は、ロシア暦の1917年2月、パンを求めるデモを開始し、これが大規模なストライキに発展しました。労働者の要求は次第にエスカレートし、ロシア皇帝の打倒と戦争の中止をさけぶようになります。皇帝の強い権力を支えてきた兵士たちもこの要求に同調するようになると、ロシア皇帝**ニコライ2世**は権力維持の不可能を悟り、自ら退位します。これが「ロシアの皇帝を倒す革命」であった**二月革命**です。

皇帝の独裁が倒れ、新たに臨時政府が成立しますが、民衆の期待を裏切って臨時政府は戦争を続行しようとしました。臨時政府の支持層には資本家が多く、ロシアだけが戦争から「おりる」ことで、同盟国のフランスからの融資が絶たれることを懸念したのです。戦争が終わらず、困窮した民衆の不満は再び高まります。

ここで登場したのが、スイスに亡命していた社会主義指導者の**レーニン**です。ロシアに舞い戻ったレーニンは、戦争の即時停止と社会主義の樹立を訴えて武装蜂起を指導し、臨時政府を打倒して社会主義政府を樹立します。これが「ロシアを社会主義にする革命」の**十月革命**です。新政府はドイツと講和して戦争から手を引き、**ソヴィエト社会主義共和国連邦（ソ連）**の成立を宣言します。

世界恐慌・第二次世界大戦とソ連

ソヴィエト連邦は、世界初の社会主義による国家です。土地や工場などを国のものとし、国家の計画のもと、国民が同じだけ働いて、同じだけの収入を受け取り、平等を実現しようというスタイルの国家です。

ソ連では、レーニンのあとに権力を握ったスターリンのもと、強力な社会主義的政策が推進されました。社会主義は国の計画によって経済が動かされるという仕組みですので、恐慌が発生しにくいという利点があります。世界恐慌の間も、ソ連の経済は成長し、ソ連は社会主義のよさを世界にアピールすることができました。

しかし、社会主義は「平等」という大きな理念を国民全員で共有しなければなりません。社会主義の中で、自分だけ出し抜いて儲けようとか、自由に商売をしよう、という人がいると、その理念が崩れてしまいます。そこで、国は国民の思想を強力に統制することになります。芸術も例外ではなく、社会主義に迎合し、賛美するような内容が求められ、政権の意向に反するような芸術は厳しく取り締まりを受けました。

スターリンは第二次世界大戦の直前にヒトラーと不可侵条約を結び、戦争が始まるとポーランドの東半分を手にしました。さらに、フィンランドに侵攻し、バルト三国《さんごく》を併合します。

しかし、ドイツとの不可侵条約は長く続きませんでした。イギリスへの本土上陸作戦が不調であったドイツは不可侵条約を破棄してソ連へ侵攻し、**独ソ戦**が始まりました。

独ソ戦は「絶滅戦争」とも言われ、ドイツとソ連の総力をかけた戦いとなりました。スターリンはこの戦争を、ナポレオン戦争以来の国土防衛戦の「大祖国戦争」と位置付けて、兵力の総動員を行ったため、ドイツとソ連の双方に膨大な犠牲者を生むことになりました。

ドイツ軍の進撃に、一時はモスクワの近くまで攻め込まれたソ連ですが、スターリングラードの攻防戦で形勢が逆転し、ドイツを攻める状況になります。ソ連は東ヨーロッパの国々をドイツから解放しながら、ドイツへ侵攻し、連合国の勝利に大きな働きをしました。

◆さまざまな表現手段を模索したストラヴィンスキー（1882〜1971）
〔原始主義・新古典主義・無調〕

ロシアの作曲家ストラヴィンスキーは、原始主義、新古典主義、そして無調の音楽、とさまざまな表現手段を用いたことで知られます。初期のバレエ作品である『火の鳥』『ペトルーシュカ』『春の祭典』はロシアの民話や民謡を取り入れた代表作として知られますが、中でも、1913年にパリで初演された『春の祭典』は、原始的な宗教儀式を題材とした作品で、強烈なリズムと大胆な不協和音を用いた原始主義の代表的な曲であり、初演時にはその強烈な音楽を目の当たりにした聴衆のざわつきで音楽がかき消されたほどだったといいます。

ストラヴィンスキーの生きた時代は、第一次世界大戦、ロシア革命、第二次世界大戦を経る激動の時代でした。スイスやフランスに居を移さざるを得なくなったり、フランスを占領したナチスからの批判を受けたりと、歴史に翻弄される人生でした。戦後はアメリカを中心に作曲活動を行っています。

ストラヴィンスキーの代表曲

バレエ『火の鳥』
（1910）

ストラヴィンスキー初の本格的なバレエ曲で、ロシア・バレエ団から依頼されて作曲が行われました。２つのロシアの民話に基づくストーリーのバレエ曲で、王子と王女、そして幸運の象徴である火の鳥と魔王カスチェイが織りなす物語が、色彩感豊かに描かれています。聴きどころは「カスチェイ一党の凶悪な踊り」で、粗野で力強いリズムとスピード感は、聴く人に強烈な印象を与えます。

ストラヴィンスキーの代表曲

バレエ『春の祭典』

（1913）

ロシア・バレエ団から依頼された大作バレエの第３弾になります。目まぐるしく変わる拍子や不協和音、強烈なリズムの連続に、初演を行ったパリの聴衆はついていけず、演奏中にもかかわらず大騒ぎとなったという話が伝わっています。原始時代のロシアで、神の愛を求めた若い娘たちが死ぬまで踊るという儀式をテーマにしたことも、物議をかもしました。しかし、再評価されると、その後は名曲の一角を占めるようになります。

ラフマニノフの代表曲

ピアノ協奏曲第２番

（1900～1901）

『交響曲第１番』の初演に失敗し、心を病んでしまったラフマニノフが精神科医の治療を受け、復活をかけて作曲したのがこの『ピアノ協奏曲第２番』です。初演は大成功に終わり、以後もラフマニノフの代表曲として高い人気を博しました。全編にわたって甘美で抒情的な、ロマンチックな旋律にあふれており、オーケストラも聴きどころが多くあります。ピアノ協奏曲の人気ランキングでは常に上位の名曲です。

◆ロマンチックな名曲を残したラフマニノフ（1873〜1943）〔ロマン派〕

ロシアの作曲家ラフマニノフは、極めて大きな手を持ち、高度な技術をもったピアニストとしても知られています。多様化の一途をたどった20世紀の音楽ですが、作曲家としてのラフマニノフは伝統的なロマン主義的な表現を追求しました。しかし、1895年の『交響曲第1番』は「記録的な大失敗」と言われるほど不評で、自信を失ったラフマニノフはしばらく作曲活動ができなかったといいます。再起をかけて作曲した『ピアノ協奏曲第2番』と『交響曲第2番』はロマンチックな名曲として大成功をおさめ、以後のラフマニノフの評判は揺るぎないものとなりました。ロシア革命に際しては、ラフマニノフは演奏旅行という名目でロシアを離れてアメリカに渡り、その後はピアニスト中心の活動を行いました。

◆ソ連の歴史を音楽で描いたショスタコーヴィチ（1906〜1975）

ソ連の作曲家であるショスタコーヴィチは、ロシア革命から2つの戦争、そして冷戦の時代と、ソ連の歴史を目の当たりにした人物であり、ソ連の歴史を題材にした交響曲を多く作曲しています。

ショスタコーヴィチの作曲活動はソ連政府の姿勢に大きく左右され、書いた曲が演奏禁止になったり、自ら初演をお蔵入りにすることもありました。第二次世界大戦が始まると、ショスタコーヴィチは体制に迎合する曲を作ることで作曲活動を継続することができました。1953年にスターリンが亡くなり、生前のスターリンに対する批判が行われるようになると、それまで演奏が禁止されていた曲の復活上演が行われ、ショスタコーヴィチ自身もやや自由な作曲活動ができるようになりました。

ショスタコーヴィチの代表曲

交響曲第５番

（1937）

ショスタコーヴィチは交響曲を15曲も作曲し、いずれも個性的な名曲揃いです。その中でもっとも人気があるのが、この第５番です（日本ではしばしば『革命』の副題でよばれます）。それまで、反体制的ともされ、微妙な立場であったショスタコーヴィチですが、ロシア革命20周年の年に作曲されたこの曲はソ連当局に絶賛され、名曲の地位を獲得し、ショスタコーヴィチの名声も確立していきました。第４楽章の冒頭が特に有名です。

ショスタコーヴィチの代表曲

交響曲第７番『レニングラード』

（1941）

第二次世界大戦で、ショスタコーヴィチが暮らすレニングラード（現在のサンクトペテルブルク）はドイツ軍に包囲されました。包囲のさなか、この包囲戦をテーマに書かれた曲が、この『レニングラード』です。第１楽章の中間部は、「戦争の主題」と言われるテーマが、小太鼓のリズムに乗って次第に大きくなっていく「ボレロ」のような構成で、ひたひたと敵の軍隊が迫り、包囲攻撃を受ける様子が描かれています。

20世紀前半のアメリカ

「アメリカの世紀」を導いた2つの大戦の勝利

第一次世界大戦とアメリカ

19世紀後半は南北戦争によって海外進出が滞っていたアメリカでしたが、19世紀末に積極的な海外進出を行います。特に、19世紀末にはフィリピンとグアムを獲得し、その過程でハワイも領有し、アメリカは一躍、大西洋の国家から太平洋の国家へと変貌を遂げました。

第一次世界大戦は、アメリカにとっては利益の大きな戦争でした。国土が戦場とならなかったために、荒廃することなしに戦勝国となったのです。戦後のアメリカは、賠償金で苦しむドイツに融資を行い、イギリスやフランスからは大戦中に貸したお金を回収する債権国の立場になりました。

第一次世界大戦後から世界恐慌発生までのアメリカは、まさに黄金時代でした。自動車の生産が増大し、電化製品が普及し、大量生産・大量消費をよしとする大衆文化が発展しました。企業の業績は向上し、株価は上がり続け、誰もが投機に走る「狂騒の20年代」と言われた時代でした。

この中で、ラジオ放送が開始されたことや、ジャズが流行したこと、ウォルト・ディズニーを中心としてディズニー・カンパニーが設立されたことなどは、音楽の世界にも大きな影響を与えています。

世界恐慌・第二次世界大戦とアメリカ

こうして、「永遠の繁栄」とも言われたアメリカの1920年代が終わる頃、アメリカは突如、ウォール街での株価暴落をきっかけに、壊滅的な経済危機に見舞われます。アメリカの経済危機は、アメリカの融資で回復しつつあるドイツ経済を壊滅させ、フランスやイギリスにも波及しました。**世界恐慌**の始まりでした。

世界恐慌が世界に広がると、諸国はブロック経済圏の構築やファシズム、あるいは社会主義と、それぞれの国が別々の方向を向くようになり、対立が始まります。

特に、アメリカにとっての懸念は、日本のアジア・太平洋への進出でした。金融恐慌・昭和恐慌と恐慌が連続した日本は、中国東北部の満洲から中国の内部へ、そして東南アジアへと勢力圏を拡大することにより、活路を求めようとしていたのです。とりわけ、東南アジア方面への進出は、イギリス領やフランス領、そして太平洋のアメリカ領が狙われることを意味します。

アメリカは、日本と戦っている中国の蔣介石《しょうかいせき》政府を支援するとともに、日本に経済制裁を加えましたが、日本は真珠湾攻撃を行い、**太平洋戦争**が始まりました。

日本との開戦によって、アメリカは日本の同盟国であったドイツとイタリアとの戦争にも突入します。アメリカはヨーロッパ戦線では戦争の形勢を変えた**ノルマンディー上陸作戦**の中心になり、太平洋戦争では日本軍をほぼ一手に引き受け、ヨーロッパ戦線、太平洋戦争の両方ともに、連合国の勝利の中心となりました。第一次世界大戦、第二次世界大戦を通し、国土のほとんどが戦場にならずに勝利を手に入れたアメリカは、その後の世界の主導権を握る覇権国家となりました。

第10章

戦後の世界

東西冷戦の対立を経て多極化・グローバル化の時代へ

◆冷戦の始まりと展開（1940年代）

この第10章では、第二次世界大戦後の世界を見ていきます。戦後の世界は、アメリカとソ連の2大国による冷戦構造の中で展開していきます。

アメリカは太平洋戦争で日本の矢面に立って戦い、ヨーロッパ戦線では戦局を大きく転換するノルマンディー上陸作戦の中心になりました。また、ソ連は地獄のような独ソ戦を耐え抜き、ドイツを最終的に追い詰めました。この2か国が、第二次世界大戦の勝利への貢献度が高かったのです。

それだけに、アメリカとソ連は、資本主義国の盟主、社会主義国の盟主として激しく対立することになります。それぞれが、世界中の国を自らの同盟国に引き込み、資本主義陣営、社会主義陣営を構築しようとしたのです。おおむね、西ヨーロッパはアメリカ陣営（西側）、東ヨーロッパはソ連陣営（東側）になりました（この構造における東側の閉鎖性を、イギリスのチャーチルは「鉄のカーテン」とよんで批判しました）。

この対立関係は「冷戦（冷たい戦争）」とよばれ、アメリカとソ連はそれぞれ、有利な立場を得るべく、核兵器の開発と軍備の増強を盛んに行いました。

この章の舞台
（冷戦構造）

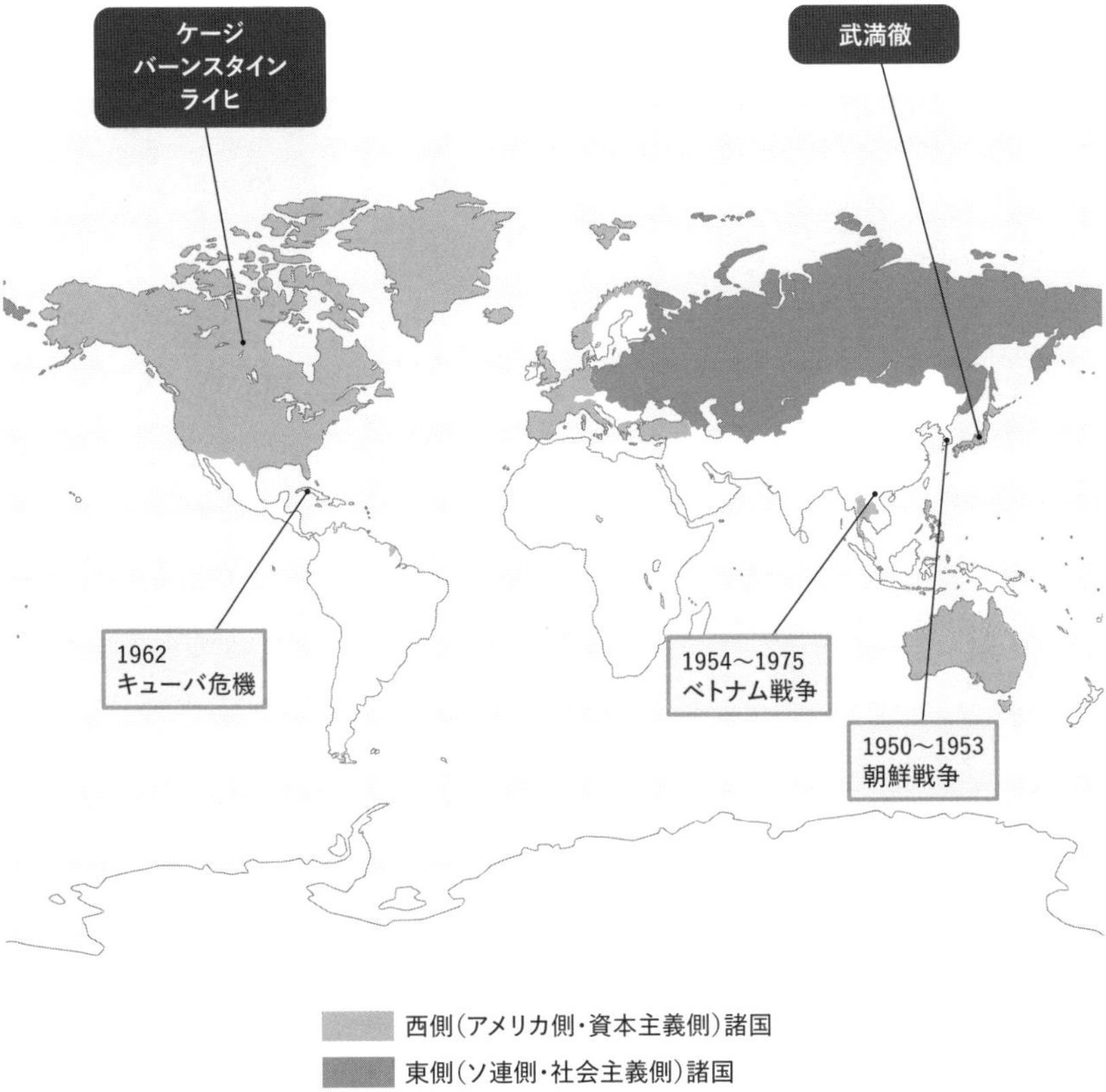
ケージ
バーンスタイン
ライヒ
武満徹
1962
キューバ危機
1954〜1975
ベトナム戦争
1950〜1953
朝鮮戦争
西側（アメリカ側・資本主義側）諸国
東側（ソ連側・社会主義側）諸国

スターリンの死によって冷戦は「中休み」に（1950年代）

「冷戦」とは、アメリカとソ連が直接には戦争をせず、軍備を増強しながらにらみ合う情勢を指しますが、冷戦の中で実際に「熱い戦争」に発展したこともあります。その代表的な例が、1950年から始まった**朝鮮戦争**でしょう。日本も、この朝鮮戦争をきっかけに講和が成立し、「占領地」からアメリカの「同盟国」として再出発することになります。

高い緊張をはらんだ冷戦でしたが、一時的に緊張が緩和した「雪どけ」と言われる状況が訪れたこともありました。そのきっかけとなったのが、1953年のスターリンの死です。アメリカとの対立を強力に推し進め、独裁的な権力で国内を統制していたスターリンが死去したことにより、冷戦の雰囲気がゆるみ、国際的な対話のムードが高まったのです。この雰囲気の中、政府の強力な統制により自由な表現活動ができなかったソ連の作曲家（ショスタコーヴィチなど）も、自由な表現をし始めるようになります。

再燃した冷戦と米ソの地位の低下（1960・70年代）

しかし、「雪どけ」は単なる「中休み」にすぎませんでした。ソ連が人工衛星スプートニクの打ち上げに成功すると、ロケットの技術を転用したミサイルの開発を世界にアピールするようになります。そして1962年、社会主義化したキューバにミサイル基地の建設を進め、アメリカはそれに対抗してキューバを海上封鎖するという「**キューバ危機**」が発生します。世界がもっとも全面核戦争に近づいたと言われたこの事件により、冷戦は再燃することになります。

冷戦の「再燃期」の中の、代表的な戦争が**ベトナム戦争**です。社会主義化するベトナムに対し、アメリカはベトナム南部の政権を支援し、北ベトナムの社会主義政権を攻撃したのです。この戦争は泥沼となりました。ベトナム戦争の様子はテレビによって世界に報道され、反戦運動が巻き起こり、戦争を継続するアメリカの姿勢が疑問視されるようになりました。ベトナム戦争の泥沼の中で、アメリカに対して批判的な目が向けられ、アメリカの国際的な地位は低下してしまいます。

同じ頃、ソ連も国際的な地位を低下させています。1968年、「プラハの春」とよばれるチェコスロヴァキアの民主化運動をソ連が武力鎮圧する事件が起こり、その様子がテレビを通して国際社会に報道され、ソ連に対して批判的な国際世論が形成されたのです。

◆ソ連の崩壊と冷戦の終結（1980・90年代）

1980年代に入ると、ソ連は経済的に苦しくなります。資本主義の優位が明らかになり、ソ連の人々は社会主義の理想や理念を追い求めることをしなくなってしまいました。生産設備の更新や技術の革新もなく、経済成長率はゼロとなってしまいます。政権を担当したゴルバチョフは**ペレストロイカ**（改革）をスローガンに、古い体質のソ連を変えようとしました。

さらに1986年、チェルノブイリの原子力発電所で大事故が起こり、世界的なニュースとなります。ソ連政府に情報が集まらず、対応が後手になったことも、事態を悪化させる原因になりました。そこでゴルバチョフは「**グラスノスチ**（情報公開）」の必要性を痛感し、ペレストロイカの主要政策として推進しました。また、1990年、ゴルバチョフとアメリカのレーガン大統領は冷戦の終結を確認し合いました。

しかし、この「情報公開」がソ連の崩壊を早めます。報道の自由化が進んだことにより、政府に批判的な言論も少しずつ表に出てきてしまったのです。1991年に、ゴルバチョフの改革に反対するクーデターが起こると、それを鎮圧したロシア共和国の大統領エリツィンが実権を握ることとなりました。ソ連の共産党にはもはや力がないことが明らかになり、**ソ連の解体**が行われます。

アメリカの影響力が低下し「多極化」の時代へ（2000年代）

ソ連が崩壊したことにより、唯一の超大国となったアメリカは、経済的にも政治的にも世界に大きな影響力を持つことになりました。「世界の警察」を自任し、パレスチナや中東、ユーゴスラヴィアの紛争や戦争に介入するようになります。こうしたアメリカの姿勢に対して、イスラームを信仰する中東諸国など、アメリカと違った価値観を持つ地域の人々は敵対的な姿勢をとるようになります。その中で起きた事件が、2001年の**同時多発テロ事件**です。また、2008年には**リーマン・ショック**とよばれるアメリカ発の経済危機が発生しました。2000年代以降は、総じて世界におけるアメリカの影響力は低下する傾向にあります。

冷戦の終結、そしてアメリカの影響力の低下によって、世界は一つや二つの超大国でなく、さまざまな国や地域が相互に影響を与え合う「多極化」「グローバル化」の時代に突入したと言われます。

その代表的なものが、ＥＵ（ヨーロッパ連合）の成立や中国の台頭です。ヨーロッパでは1950年代に石炭や鉄鋼、原子力などの共同管理や経済の協力を目的とした組織が成立し、1967年にはＥＣ（ヨーロッパ共同体）、1992年にはＥＵに発展します。その後、ＥＵには民主化を達成した東ヨーロッパ諸国が次々と加盟し、現在、アメリカと肩を並べる巨大な経済圏となっています。中国は2000年代初頭から「世界の工場」として著しい経済発展を遂げ、世界第2位の経済大国として世界の経済・政治に大きな影響を与えています。

さまざまな方向性が模索された20世紀後半の音楽

第二次世界大戦後も、作曲家たちはさまざまな音楽のあり方を模索し、音楽の多様性は進みました。ジャズやポップスなど他ジャンルの音楽を取り入れたり、電子楽器やコンピュータを使ったりすることも一般的となります。

素材の形を少しずつ変化させながら執拗《しつよう》に反復するミニマル・ミュージックや、あえて偶然の要素を取り入れて作曲家でも予想できないような音響を生み出すことなど、実験的な音楽も多く生み出されています。

現在はインターネット時代に突入し、作曲家が音楽を発信する方法も多様化し、レコードからCD、インターネットへと、聴き手の音楽への接し方も多様化しています。

指揮者としての名声も高いバーンスタイン（1918〜1990）

アメリカの作曲家、バーンスタインは指揮者としての名声も高く、ニューヨーク・フィルハーモニックやウィーン・フィルハーモニー管弦楽団を中心に名盤と言われる数多くの録音を残しています。指揮者としての記念碑的な演奏としては、1989年のベルリンの壁崩壊記念コンサートで、5か国からなる合同オーケストラを指揮したベートーヴェンの『交響曲第9番』の演奏が知られます。

3曲の交響曲や数多くの管弦楽曲を作曲したバーンスタインですが、特筆すべき作曲活動はミュージカル音楽です。代表作の『ウエスト・サイド・ストーリー』は、シェークスピアの『ロミオとジュリエット』を現代風にアレンジしたミュージカルです。

この音楽の中には、「マリア」「トゥナイト」などのオペラのアリアのように歌い上げる曲、「マンボ」「アメリカ」などジャズやラテン音楽を取り入れたノリのいいナンバーなど、個性的な小曲が豊富に織り交ぜられています。全部を上演すると2時間半にも及ぶため、バーンスタイン自身の手による演奏会用組曲『シンフォニック・ダンス』が作られ、こちらのバージョンの演奏機会も多くあります。他にも、2008年から2015年の間、テレビ番組「題名のない音楽会」のテーマ曲として使われた『キャンディード』序曲も有名です。

それまでの音楽の概念を破った実験的音楽を作曲したケージ（1912〜1992）

バーンスタインの代表曲

『ウエスト・サイド・ストーリー』より「マンボ」（1957）

作曲家としてのバーンスタインの代表曲は、ミュージカル『ウエスト・サイド・ストーリー』の音楽でしょう。ジャズの要素を取り込んだ名曲の数々は見事なストーリー展開とともに、このミュージカルを素晴らしいものにしています。のちにバーンスタインはこのミュージカルの中から数曲を抜き出し、組曲とした『シンフォニック・ダンス』を編曲しています。説明抜きに、一度聞けば十分に楽しむことができます。「マンボ」はその中の１曲です。

アメリカの作曲家ケージは、それまでの「音楽」の概念を破るような実験的な音楽を多数作曲したことで知られます。たとえば、ピアノの弦にわざとボルトやねじ、消しゴムやプラスチック片を挟んで音色を変化させた「プリペアド・ピアノ」を使った『プリペアド・ピアノのためのソナタとインターリュード』や、雑誌や段ボール、家具などを使った『居間の音楽』などがあります。このように聞くと、奇抜な「冗談音楽」のように感じますが、ケージの場合はただ奇抜なだけではない、瞑想的な響きのする「作品」の域に高められているところが特徴です。

そして、ケージの名を一躍世界的にした曲が、「音を出さない音楽」である『4分33秒』です。この曲は演奏時間である4分33秒の間、演奏者はまったく楽器を弾かず、最後まで沈黙し、そのまま演奏を終えるというものです。

ケージの意図したところは「その間に耳に入ったすべての音（ホールの中の雑音や人の息遣いなど、聞こえるものすべて）が音楽である」ということであり、今ではケージの「作品」として認識されていますが、初演時には「果たしてこれは音楽なのか」と、大きな物議をかもしたといいます。

ケージの代表曲

『プリペアド・ピアノのためのソナタとインターリュード』（1946～1948）

金属のボルトやゴム、プラスチック片をピアノの内部に取り付け、わざと音を変える「プリペアド・ピアノ」のために作曲された曲です（ボルトなどはただ置いておく、というわけではなく、その配置は細かく指定されています）。クラシック音楽の枠を飛び越えた瞑想的な響きは、古代のインド思想に影響を受けており、「平安に向かう傾向」を示しているとされます。

日本的な「間」を生かした音楽を生み出した 武満徹（1930〜1995）

日本の作曲家、武満徹《たけみつとおる》はほぼ独学で音楽を学びました。ピアノ曲『2つのレント』を発表して作曲家デビューし、その後は前衛的な音楽を作曲するかたわら、映画や舞台、テレビ番組などの音楽を発表し、作曲の幅を広げました。日本的な「間《ま》」を感じさせる音楽が特徴で、琵琶《びわ》や尺八、雅楽の楽器などの和楽器を取り入れた曲も多く、武満徹の持ち味となっています。

1957年に作曲された『弦楽のためのレクイエム』は初期の代表作であり、初演の評価はあまりよくなかったものの、2年後、来日していたストラヴィンスキーの耳に入り、評価を受けたことをきっかけに演奏機会が増え、世界中のオーケストラに取り上げられました。ここから次第に器楽曲や映画音楽での評価が高まり、「世界のタケミツ」とよばれるまでになります。

武満徹の代表曲

『弦楽のためのレクイエム』
（1957）

この作品は武満徹の初期の代表作です。武満徹は20代前半という若さで結核をわずらい、自らの死の予感の中でこの曲を作曲しました（のちに回復し、65歳で亡くなりました）。全編にわたって重々しく、悲しみを伴うような音楽が流れます。この曲は追悼の音楽としてよく用いられ、東日本大震災ののちには、世界中のオーケストラがプログラムに取り上げ、犠牲者に対する哀悼の意が捧げられました。

◆独特の陶酔感を与えるミニマル・ミュージックを作ったライヒ（1936〜）

ライヒはミニマル・ミュージックを中心に作曲したアメリカの作曲家です。ミニマル・ミュージックとは必要最小限の音をひたすら反復し、そこに少しずつ変化を与えていく音楽です。

少しずつ変化する「音の形」に耳を奪われるうちに独特の陶酔感が得られるのですが、ライヒの音楽は耳になじみやすく、そうしたミニマル・ミュージックに親しむきっかけとして最適のものと言われています。

多くの作品を発表しているライヒですが、初期の作品の『ドラミング』や中期の作品の『18人の音楽家のための音楽』などが代表作とされています。

ユダヤ系移民の子であるという出身から、晩年は第二次世界大戦のユダヤ人の運命に関連した曲や、『旧約聖書』の物語に迫るオペラ『ザ・ケイヴ』を作曲しています。アメリカの同時多発テロを題材にした『WTC９／11』という曲もあります。

ライヒの代表曲

『18人の音楽家のための音楽』
（1975）

ライヒの曲の中でも評価が高い、この『18人の音楽家のための音楽』は、鼓動のようなリズムに乗って、さまざまなパターンが変化していきます。くり返されながら少しずつ変わっていくパターンを「感じる」ことで、不思議な陶酔感が得られる曲です。クラシック音楽で使用される弦楽器や管楽器、打楽器、ピアノ、そして女性の声の組み合わせによって、まるで電子音のような音を出していることにも驚かされます。

おわりに

歴史と音楽の旅はいかがでしたでしょうか。知らず知らず耳にしていた曲も、曲名を知り、その歴史的な背景を知ると、新たな興味がわいてきたのではないでしょうか。

私は、歴史と音楽には多くの共通点があるのではないかと思います。

ひとつは、どちらも「時間軸をもとにしたドラマ」であるということです。歴史では、多くの人物が世の中を変えていったり、少しのきっかけが、時間を経て思わぬ変化を生んだり、英雄の存在が歴史を大きく動かしたりします。そして、時折、クライマックスのような大きな事件が起き、世の中が大きく変わります。そこに、ドラマチックな魅力があるのです。

音楽も、さまざまなメロディが登場し、時には明るく、時には暗く、と曲調が変化しながら、途中で誰もが知るような名旋律に出会い、そしてクライマックスでは深い感動を味わうことができます。そこにもまた、ドラマチックな魅力があります。歴史も音楽も、それまでの経緯をたどってきたからこその、深い感動というものがあるのです。

もうひとつの共通点は、歴史と音楽はともに、「さまざまなコンテンツと結び付き、その楽しみを倍増させることができる」ということです。文学や映画、絵画、音楽など、歴史に関連したさまざまなコンテンツは、その歴史的背景を知ることで何倍も楽しめるようになります。そして、旅行に行けば、遺跡や建造物、事件の起きた地などを巡ることで、歴史の息吹を全身で感じることもできます。

音楽も、映画に使われていたり、テレビ番組のBGMやCMに使われていたりして、そのコンテンツの魅力を何倍にも高める役割を果たしています。また、読書をしているとき、運動をしているとき、仕事をしているとき、気分を高めたいとき、落ち着きたいときなど、場面に応じて自分なりの音楽を選び、自分の人生というコンテンツの楽しみを高めることもできるのです。そして時には、演奏会に行って生の音楽を浴び、その感動を全身で味わうこともできます。

実は、こうした楽しみを得ることは、現代に生きる私たちにとって切実な課題なのかもしれません。かつて、産業革命によって人間は不断の労働から解放され、余暇を獲得し始めたといいます。現在、人間の労働がAIやロボットに置き換えられる「第四次産業革命」が進行しています。これからは、価値観が転換し、いかに勉強し、いかに働くかということよりも、「人生100年時代」とも言われる時間をいかに充実させ、楽しむかということが人々の大きな課題となる可能性があります。ぜひ、本書で歴史を学び、名曲を聴いて人生の楽しみを何倍にも増やしてほしいと思います。

最後になりましたが、私がこれまでに所属した、筑紫丘高校吹奏楽部、早稲田大学フィルハーモニー管絃楽団、ウインドミルオーケストラ、新座交響楽団、西東京フィルハーモニーオーケストラ、太宰府市民吹奏楽団の仲間たちと、福岡県公立古賀竟成館高等学校吹奏楽部のみなさんに感謝したいと思います。皆さんと演奏した数々の曲の思い出が、本書を書く原動力になりました。そして、一番大切な音楽仲間である妻にも、この場を借りて深く感謝したいと思います。

2023年6月　山﨑圭一

本文のスペースには限りがあるため、紹介しきれない曲がたくさん残ってしまいました。こちらで、掲載しきれなかった名曲の数々を紹介しています。

〈著者略歴〉
山﨑圭一（やまさき けいいち）
福岡県公立高校講師。1975年、福岡県太宰府市生まれ。早稲田大学教育学部卒業後、埼玉県立高校教諭、福岡県立高校教諭を経て現職。昔の教え子から「もう一度、先生の世界史の授業を受けたい！」という要望を受け、2016年から、YouTubeで授業「世界史20話プロジェクト」を200回にわたり配信。世界史だけでなく、日本史や地理の授業動画も公開。これまでに配信した動画は500本以上にのぼり、累計再生回数が3000万回を突破。チャンネル登録者数も13万人を超えている。主な著書に、『一度読んだら絶対に忘れない世界史の教科書』『一度読んだら絶対に忘れない日本史の教科書』『一度読んだら絶対に忘れない世界史人物事典』『一度読んだら絶対に忘れない世界史の教科書【宗教編】』『一度読んだら絶対に忘れない地理の教科書』（以上、SBクリエイティブ）があり、シリーズ累計部数は100万部を超える。

装　　丁　山之口正和（OKIKATA）
本文デザイン　齋藤稔（株式会社ジーラム）
地図制作　株式会社ウエイド

人生が楽しくなる 西洋音楽史入門

2023年8月21日　第1版第1刷発行

著　　者　山﨑圭一
発 行 者　永田貴之
発 行 所　株式会社PHP研究所
東京本部　〒135-8137　江東区豊洲5-6-52
ビジネス・教養出版部　☎03-3520-9615（編集）
普及部　☎03-3520-9630（販売）
京都本部　〒601-8411　京都市南区西九条北ノ内町11
PHP INTERFACE　https://www.php.co.jp/
組　　版　yamano-ue
印 刷 所
製 本 所　大日本印刷株式会社

ISBN 978-4-569-85515-8